LO QUE LOS LÍDERES ESTÁN DICIENDO

SOBRE
SIRVE A TU CIUDAD

El nuevo libro del Pastor Dino, *Sirve a tu ciudad,* es un mensaje al corazón de cada líder. Él desafía poderosamente a la iglesia no solo a "ir" sino también a ver "cómo vamos a ir" para involucrarnos de manera más efectiva en nuestras comunidades, mientras nos acercamos amorosamente a los desposeídos, pobres, pasados por alto y desfavorecidos. El evangelio nos enseña que todos somos "enviados". Este libro te abrirá los ojos y te dará una estrategia clara. El pastor Dino desafía a la iglesia no solo para hablar de las Buenas Nuevas de Jesús, sino a mostrarlas de manera tangible a aquellos en nuestras esferas de vida e influencia.

ANDI ANDREW

Co-Pastor de Liberty Church, Nueva York, Nueva York

Autor de *She Is Free* (Ella está libre)

El libro de Dino Rizzo, *Sirve a tu ciudad*, ofrece mucha sabiduría para los líderes de la iglesia en todos los niveles. ¡Este libro es beneficioso para todos! Durante décadas en su caminar diario, el pastor Dino ha demostrado los principios de mostrar el amor de Dios cuando le cuenta a las personas sobre el evangelio de la gracia. ¡Estoy muy agradecido por este libro!

MATTHEW BARNNET

Cofundador de The Dream Center

Pastor principal, Angelus Temple, Los Ángeles, California

Las personas no se pondrían en fila para ser juzgadas, pero si harán fila para ser amadas. Juzgar a las personas es un terrible método de evangelismo. Hoy, el mundo está sufriendo. Jesús ama al mundo, Jesús murió por este mundo, y Jesús puede sanar a las personas que sufren en el mundo. El cielo es real. Sirve a tu ciudad es un libro sobre como traer a Jesús a un mundo lastimado. ¿Cómo podemos ganar el derecho a ser escuchados? Mostrándole al mundo que nos importa.

ROBERT BARRIGER

Pastor principal, Camino de Vida, Lima, Perú

Humilde, audaz y generoso. Siempre he sido un gran admirador de mi buen amigo, Dino Rizzo. Es uno de esos hombres que muestran que "lo que ves es lo que es", sin orgullo ni pretensiones a su alrededor. Él es real, crudo, quebrantado y redimido. Además, es uno de los hombres más alegres que conozco, lo que lo hace aun más poderoso cuando te da una puñalada (con amabilidad) con la verdad. Esta guía de liderazgo, y también su otro libro, *Servolución*, son un trabajo convincente y práctico que transformará a tu iglesia y tu comunidad si lo pones en práctica.

RICK BEZET

Pastor principal, Iglesia New Life, Conway, Arkansas

No muchas personas aman profundamente como Dino Rizzo, y pocos pueden comenzar una 'Servolución' y cambiar la forma en que las iglesias aman a sus comunidades. Es por eso que este libro es tan necesario. Si bien amar profundamente puede ser no natural, no debe ser negociable. *Sirve a tu ciudad* proporciona un plan para obtener lo que está en el interior de cada creyente.

MICAHN CARTER

Pastor Principal, Together Church, Yakima, Washington

El corazón de Dios es para los perdidos y los más insignificantes, no uno o el otro. En *Sirve a tu ciudad*, el pastor Dino conecta los puntos para mostrar cómo las iglesias pueden demostrar compasión al proporcionar recursos tangibles a las personas que sufren. Cuando la iglesia se extiende para ayudar a los perdidos y a los más insignificantes, gana más credibilidad y los corazones de las personas se abren para recibir las buenas nuevas de Jesús. Este es el modelo de ministerio que Jesús empleó. ¡Es poderoso, efectivo y cambiará iglesias, ciudades, estados y el mundo!

HERBERT COOPER

Pastor Principal, Iglesia del Pueblo, Oklahoma City, Oklahoma

Autor de *But God Changes Everything* (Pero Dios lo cambia todo)

He sido conocido a Dino Rizzo muy de cerca por más de 20 años. No conozco a nadie que esté más calificado para ayudar a las personas lastimadas y marginadas que él. Su pasión para ayudar a las personas de una manera tangible ejemplifica lo que significa ser las manos y los pies de Cristo. Su nuevo libro, *Sirve a tu ciudad,* es reflexivo, práctico e incluso humorístico sobre cómo vivir la vida que Dios quiere para todos nosotros, una vida que realmente se da cuenta de su potencial, una vida de mano abierta y de corazón abierto, siempre lista para servir. Todo líder de negocios, pastor, misionero, estudiante o cualquier persona que desee servir a su ciudad, estado y nación debe leer este libro y luego simplemente dar el siguiente paso. Sus ciudades y comunidades serán cambiadas para siempre.

LEE DOMINGUE

Fundador de Kingdom Builders

Autor de *Pearls of the King* (Las perlas del Rey)

Pastor asociado de Church of the Highlands, Birmingham, Alabama

Aquellos que han tenido el mayor impacto en mi vida no son los que predican grandes sermones sino los que lo demuestran con más que palabras en su vida cotidiana. Los principios que cambian la vida que se comparten en este libro te transformarán, no solo porque Dino habla de ellos, sino porque los ha vivido. Dino continúa marcando la diferencia en la vida de todos los que se encuentran en su camino. Si hubiera un solo libro que pudiera elegir para motivarle a vivir como Jesús, este sería el indicado. Dino, gracias por inspirarnos a todos a vivir una vida de "Más que palabras".

PASTOR MARC ESTES

Pastor Principal, City Bible Church, Portland, Oregon

Presidente, Portland Bible College, Presidente, CBC Global Family

Este libro es oro para cualquiera que quiera vivir una vida más allá de las fronteras de uno mismo. Te atraerá, te estimulará y te guiará a una vida más grande, mejor y más gratificante.

KEVIN GERALD

Pastor principal, Champions Center, Tacoma, Washington

Todos hemos escuchado el adagio, "Haz lo que digo, no lo que hago". Pero en *Sirve a tu ciudad,* mi amigo Dino Rizzo nos recuerda que, si vamos a CUMPLIR la Gran Comisión a la que Jesús nos llamó en Mateo 28, debemos salir de las cuatro paredes de la iglesia e "ir y hacer discípulos". Durante demasiado tiempo, la iglesia ha embotellado las bendiciones dentro de los confines de las hermosas estructuras que ha erigido; pero Jesús nos ha encargado que seamos una iglesia que habla y muestra su amor en las calles, en las cafeterías, en el aula y en el negocio local. ¡Gracias, Pastor Dino, por recordarnos que la iglesia necesita abandonar el edificio!

DR. TIM HILL

Supervisor general de la Iglesia de Dios, Cleveland, Tennessee

Durante más de dos décadas, he visto a mi amigo Dino Rizzo mostrar el amor de Jesús por lo que dice y lo que hace. En *Sirve a tu ciudad,* Dino nos inspira a todos a equilibrar nuestras palabras con nuestras obras con la misma alineación inseparable que vemos en el ministerio de Cristo. Tanto desafiante como alentador, este libro nos recuerda que la compasión no es secundaria a nuestra misión, es esencial.

CHRIS HODGES

Pastor Principal, Church of the Highlands, Birmingham, Alabama

Autor de *Fresh Air* (Aire fresco) y *The Daniel Dilemma* (El dilema de Daniel)

Dino Rizzo está especialmente calificado para escribir este libro transformador de vidas sobre el impacto para Cristo en nuestras comunidades. Su corazón de compasión ha sido demostrado por la movilización tangible del pueblo de Dios para ser una presencia fructífera de Jesús en las ciudades de nuestra nación y del mundo. Nuestro planeta está desesperado por un evangelio que se refleja a través de nuestra fe, esperanza y amor, vivido tanto en palabras como en acción. Dino describe cómo podemos vivir una vida misionera que nos abrirá los ojos, quebrantará nuestros corazones y afectará nuestro destino al seguir la vida que Jesús planeó para todos nosotros.

ROB HOSKINS
Presidente, OneHope Inc., Pompano Beach, Florida

Me encanta la pasión de Dino Rizzo por el Reino, por nuestras comunidades y por alcanzar a las personas para Jesús. Él es uno de los grandes visionarios cuando se trata del liderazgo de la iglesia en nuestros días. Surgiendo de su propio contexto real y efectivo de ministerio, *Sirve a tu ciudad* ofrece a cada lector una guía práctica para comprender el gran amor de Dios por las personas perdidas y heridas y cómo podemos fortalecer apasionadamente nuestra capacidad de extenderles Su amor y esperanza. Este libro debe leerse porque es bíblico y práctico. Los principios aplicados llevarán a las iglesias a hacer una diferencia eterna en la vida de millones de personas sin iglesia en todo el mundo.

DR. KENT INGLE
Presidente, Southeastern University, Lakeland, Florida

La Biblia dice: "A quien mucho se le da, mucho se le requiere". Conozco al pastor Dino Rizzo por más de 30 años y he visto cómo él y otros se han dedicado a vivir este mensaje diariamente. En *Sirve a tu ciudad*, el comparte pasos prácticos de su experiencia personal para que usted pueda llevar a tu equipo a una relación amorosa con tu comunidad. A medida que vivimos este mandato de Jesús, tenemos la opción de invertir nuestra vida en nosotros mismos o con Jesús en los demás. Gracias Dino, por escribir un libro que nos desafía como líderes y nos brinda las herramientas necesarias para enfrentar ese desafío.

ROB KETTERLING

Pastor principal, River Valley Church, Apple Valley, Minnesota

Dino Rizzo escribió *Sirve a tu ciudad* para alentar, desafiar y mostrarnos cómo podemos llegar a todas las personas con el amor de Cristo y no solo a aquellas que asisten a nuestras iglesias. Su pasión por las personas, y cómo vive esa pasión todos los días, lo convierten en alguien a quien escucho muy de cerca. No leas este libro a menos que quieras ser alentado y desafiado como nunca antes.

PHIL KLEIN

Fundador de focus412 y Coach Ejecutivo

Como plantador de iglesias urbanas, pionero y pastor en lo que actualmente se conoce como "la ciudad menos alcanzada en América", a menudo me encuentro rascándome la cabeza y preguntándome: ¿Cómo puedo desbloquear el corazón de mi ciudad para poder alcanzar más personas para Jesús? Como una llave, este libro te ayudará a desbloquear el corazón de tu ciudad, y también te ayudará a descubrir el potencial de tu iglesia. *Sirve a tu ciudad* es el recordatorio perfecto de que las grandes iglesias no se construyen simplemente por buena prédica o una buena programación, sino por inclinarse hacia la fragilidad de la humanidad sirviendo, amando y cuidando a las personas mientras compartimos el mensaje de Jesús que cambia la vida.

JASON LAIRD

Pastor principal, Sozo Church, San Francisco, California

A veces te encuentras con gente en esta vida con las cuales tienes que hacer un esfuerzo para amar. Dino es todo lo contrario: es fácil de amar y fácil de seguir. Él lleva tanta alegría y compasión genuina por las personas que incluso si él no te conoce muy bien, te sientes como en familia. En realidad, cualquiera que dice ser cristiano debe hacer que la gente se sienta así, pero eso se ha convertido en un arte perdido. Es raro encontrar un hombre como Dino que ejemplifique el amor de Dios en esta medida. Si quiero que mi iglesia vea lo que es amar a una ciudad y amar a la gente, puedo referirlos a Dino. En este libro, él nos ha dado algunas claves sobre cómo movilizar el amor. Nuestras ciudades lo necesitan y este libro es oportuno. Obténgalo, y mejor aun, vívalo. ¡Ese será mi objetivo!

CARL LENTZ
Pastor principal, Hillsong Church, Nueva York, Nueva York
Autor de *Own the Moment* (Posee el momento)

Dino entiende la diferencia crucial entre ser una iglesia EN LA comunidad y ser una iglesia PARA LA comunidad. Este es un libro sobre cómo ser para una comunidad. Las iglesias deben volver a ser misioneras otra vez. ¡Este libro puede ayudar a cada pastor a edificar ese tipo de iglesia!

SHAWN LOVEJOY
CEO CourageToLead.com
Autor de *Be Mean About the Vision*

Sirve a tu ciudad. Me encanta el título, el mensaje y el hombre que escribió este libro. ¡Creo que la iglesia necesita este mensaje más que en cualquier otro momento de la historia, y no conozco a nadie más calificado para decirlo que Dino Rizzo!

DAVID L. MEYER
Director ejecutivo de Hand of Hope, el ministerio de Joyce Meyer

Dino Rizzo es el hombre correcto con el mandato correcto de usar "Más que palabras" para llevar el mensaje de Cristo a nuestro mundo. Valoramos la vida y el liderazgo de Dino para llevar a la iglesia más allá de sus cuatro paredes para servir a nuestras comunidades. Es hora de lanzarles la cuerda de la esperanza de maneras tangibles. ¡Gracias a Dios por Dino, por mostrarnos y decirnos cómo llevar el evangelio a las calles!

PHIL MUNSEY
Presidente, Red de Iglesias de Campeones
Bajo Joel Osteen y Lakewood Church, Houston, Texas

Los marginados. Todos saben lo que es no sentirse amado o no ser amado, tener defectos, haber cometido demasiados errores; sin embargo, nos hemos sido acercados a Aquel que abraza a los marginados como yo. El pastor Dino Rizzo es alguien que habla con pasión y sinceridad acerca de redescubrir el papel de la iglesia para no perder el contacto con los marginados. ¡Mucho cuidado! Este libro volverá a despertar su propia historia y le recordará nuestro propósito original de la iglesia, que es alcanzar a los demás.

DIANNA NEPSTAD

Co-Lead Pastor, Fellowship Church, Antioch, California

El pastor Dino Rizzo ha escrito nuevamente una obra maestra acerca del corazón de Dios. En *Sirve a tu ciudad*, él nos alienta a hacer más que solo hablar sobre el evangelio, pero a ser ejemplo mientras lo compartimos. Él nos recuerda que Jesús se preocupó por las necesidades físicas de las personas mientras les predicaba y les enseñaba. Ese también debe ser el modelo para nuestro ministerio. Este libro es una lectura obligada para todos los líderes de la iglesia.

BENNY PEREZ

Pastor Principal, Iglesia LV, Las Vegas, Nevada

En este extraordinario libro, Dino Rizzo no solo les dice a los líderes de la iglesia cómo amar y servir a sus comunidades él también muestra cómo hacerlo. Él nos recuerda que la mejor manera de hacer crecer una iglesia es amando a los perdidos. Las iglesias que adoptan las verdades espirituales y los consejos prácticos en este libro se transformarán de una manera poderosa. ¡Es una lectura obligatoria para los líderes de la iglesia de hoy!

MARK PETTUS

Presidente, Highlands College, Birmingham, Alabama

La sinceridad y la autenticidad son rasgos de liderazgo increíblemente valiosos. El amante de las personas, campeón de los heridos, servidor de Dios y predicador del evangelio que has escuchado hablar a miles es el mismo Dino Rizzo que conozco como un querido amigo. No solo es sociable y divertido, pero también es un pensador brillante que sabe cómo hacer estratégicamente operativa la visión, especialmente la visión que toca a los demás a través del trabajo de la misericordia y la justicia. Dino tiene un don especial, y lo comparte bien. *Sirve a tu ciudad* te inspirará y te equipará para moverte más allá de las sombras de los edificios de tu iglesia hacia la vida cotidiana de los heridos con el amor y la compasión de Jesús.

DR. ROBERT RECORD
Director del Christ Health Center, Birmingham, Alabama

Realmente creo que a Dino Rizzo se le ha dado un acceso especial al corazón de Dios. Él tiene un mensaje claro de cómo demostrar el evangelio viviendo más allá de uno mismo. *Sirve a tu ciudad* te inspirará a ir más allá de experimentar el amor de Dios por sí mismo, para que tú y tu iglesia se conviertan en la evidencia tangible de ese amor al servir a las personas necesitadas. ¡Soy testigo de que los principios y estrategias compartidos en las páginas de este libro transformador pueden revolucionar una ciudad!

JIMMY ROLLINS
Pastor Principal de la Iglesia i5, Odenton, Maryland

Dino Rizzo es uno de mis amigos más queridos y un hombre increíble. En el momento en que te conectas con Dino en cualquier contexto, está claro que su pasión es la gente, y esa pasión es contagiosa. *Sirve a tu ciudad* es una guía convincente, estimulante e inspiradora para llevar a la iglesia más allá de las cuatro paredes de un edificio y tener un impacto eterno en tu comunidad. Este libro no solo reabastecerá tu pasión por llegar a las personas, sino que también te brindará los principios y métodos prácticos que puedes poner en acción para lograr un impacto inmediato.

JOHN SIEBELING

Pastor principal, The Life Church, Cordova, Tennessee

Dino Rizzo ha sido un amigo que me ha inspirado durante los últimos veinte años. Nunca he conocido a alguien con más compasión por los que están sufriendo, y he visto a Dios usarlo de maneras increíbles para hacer la diferencia. En *Sirve a tu ciudad*, no solo te sentirás inspirado a tener un mayor amor por las personas en tu comunidad, sino que también aprenderás a cultivar una cultura de compasión para servir a tu comunidad con ese amor.

GREG SURRATT

Presidente, Asociación de Iglesias Relacionadas

Pastor Fundador, Seacoast Church, Charleston, Carolina del Sur

Dirigir es servir, y no hay nadie que yo sepa que viva esto con más pasión o convicción que Dino. Su vida es un ejemplo de alguien que está dedicado al servicio. Este libro es una lectura obligatoria si deseas tener un mayor impacto en tu ciudad para Jesús. *Sirve a tu ciudad* hará más que solo inspirarte. Va a desafiar la manera en que piensas y ves el ministerio, te empodera a liderar y te equipa con todos los recursos prácticos que necesitas para construir una iglesia que se atreva a salir y alcanzar el mundo.

KYLE TURNER

Pastor principal, The Cause Church, Kansas City, Missouri

El pastor Dino es verdaderamente único. Es un hombre que modela lo que es ser generoso con todas las personas. Él ve genuinamente el potencial que Dios te ha dado y está dispuesto a invertir todo lo que pueda para sacar lo mejor de ti. Este libro es un ejemplo del gran corazón del Pastor Dino para las personas. Espero que te apoyes en el mensaje de este libro, te concentres en cada palabra, tomes notas y realmente aprendas de un hombre que ha vivido este mensaje.

CHAD VEACH
Pastor principal de Zoe Church, Los Ángeles, California

Dino no solo habla o predica sobre el amor de Jesús. Él muestra el amor de Jesús de la manera generosa en que vive. Dino fue muy generoso al ayudarnos a plantar la Iglesia Celebración hace veinte años. Sus huellas digitales y los principios de este libro están en toda nuestra iglesia. No seríamos quienes somos como iglesia sin el ejemplo, el aliento y el equipamiento del pastor Dino. Estoy muy emocionado de compartir este libro con nuestro personal y los líderes de nuestra iglesia al llevar el amor de Cristo fuera de las cuatro paredes de la iglesia y mostrar la compasión de Cristo a nuestra ciudad, nuestro estado y el mundo.

KERRI WEEMS
Co-Lead Pastor de Celebration Church, Jacksonville, Florida

Amo este libro y amo a Dino. Hemos sido amigos por más de veinte años, y hemos hecho vida y ministerio juntos durante mucho tiempo. He tenido el privilegio de tener un asiento de primera fila para ver a Dino vivir las verdades de este libro a nivel personal y como pastor. Hay pocas personas en el mundo calificadas como Dino para ayudar a los líderes y las iglesias como aprender a usar más que palabras en sus comunidades sobre el amor de Jesús. Te inspirarán como me han inspirado a mí y a nuestra iglesia, a llegar a los pobres, a los desfavorecidos, a los marginados y a los despreciados de maneras muy prácticas, y tú y tu iglesia serán mejores gracias a ello.

STOVALL WEEMS
Pastor Principal, Celebration Church, Jacksonville, Florida

ARC RESOURCES

HOW-TO SERIES

SIRVE
A TU
CIUDAD

COMO TU IGLESIA
PUEDE AMAR A TU CIUDAD

DINO RIZZO
PRÓLOGO POR TOMMY BARNETT

ISBN: 978-1-64296-008-2
Publicado por ARC, The Association of Related Churches
Primera impresión 2018
Impreso en los Estados Unidos

EL 100% DE LAS GANANCIAS DE ESTE LIBRO VA A SER USADO PARA PLANTAR IGLESIAS A TRAVÉS DE LA ASOCIACIÓN DE IGLESIAS RELACIONADAS.

ÍNDICE

DE CONTENIDO

PREFACIO

POR TOMMY BARNETT

Conocí al pastor Dino hace más de 20 años, y desde nuestra primera conversación, sabía que Dios tenía su mano sobre este extraordinario hombre. Tuvimos una serie de oportunidades para ministrar juntos. Uno de los primeros viajes fue a Bangalore, en la India, para una cruzada de Joyce Meyer en esa ciudad. Dino y yo les enseñamos a los pastores cómo dar seguimiento a las personas que venían a las actividades nocturnas. Una noche en esa ciudad súper habitada y hermosa, nos quedamos despiertos hasta las 2:00 de la mañana comiendo papas fritas y hablando del corazón de Dios para quienes el mundo ha olvidado. Él tenía hambre de escuchar cómo nuestra iglesia en Phoenix estaba proporcionando recursos tangibles para los más pequeños y el evangelio de la gracia para los perdidos. Estábamos en las primeras etapas de la creación de un Dream Center (Centro de Sueños), y Dino quería saber más al respecto. Preguntó cómo un pastor puede cargar con el peso de amar a las personas que luchan contra la adicción, la pobreza, la falta de vivienda y la violencia.

Atesoro el recuerdo de esa conversación, pero fue solo una de muchas. Hemos reído y hemos llorado juntos, y hemos hablado sobre nuestras familias. Nos hemos profundizado en pasajes de las Escrituras que dan forma a nuestros ministerios, y hemos discutido los detalles de la estrategia. Desde el día en que nos conocimos, mi relación con Dino ha sido un tesoro para mí.

Sirve a tu ciudad es la historia de la vida de Dino, y honestamente puedo decir que también es la mía. Él y Delynn son increíblemente generosos con su tiempo y todos los recursos que Dios ha puesto en sus manos, y mantienen las manos abiertas para compartir con los demás. Dino se ha asociado con nosotros para establecer y ampliar el ministerio de nuestro Dream Center. No podríamos haber logrado tanto sin su apoyo y participación. Durante más de una década, ha enviado equipos de su iglesia para servir en nuestro Dream Center, pero su influencia no se limita a Baton Rouge, Birmingham, Phoenix o Los Ángeles. Él es un campeón de la compasión. Él ha moldeado significativamente la conversación para los plantadores de iglesias y los pastores de iglesias establecidas para hacer que el alcance en sus comunidades sea una parte integral de su misión y estrategia.

Hoy enfrentamos desafíos sin precedentes en nuestra cultura: más que nunca, las personas necesitan nuestra ayuda. Tenemos que dejar de lado nuestros pequeños prejuicios y amar a la gente. No podemos esperar a que la gente venga a nuestras iglesias. Debemos acercarnos a ellos, encontrarlos donde están, con corazones llenos de amor y manos abiertas de generosidad, todo dirigido por la sabiduría que el Espíritu de Dios provee. Las verdades y estrategias en este libro nos dan la esperanza de que podemos hacer una diferencia. Podemos salir de nuestras cuatro paredes para amar a las personas de la misma manera en que Jesús amó a las personas en su época, mostrándoles compasión mientras les contamos acerca de la gran gracia de Dios.

No te pierdas el corazón de Dino, y no te pierdas la clara estrategia de este libro. El mundo está esperando que lo amemos

TOMMY BARNETT
PASTOR PRINCIPAL DE DREAM CITY CHURCH
Phoenix, Arizona

EL MUNDO
ESTÁ
ESPERANDO QUE
LO AMEMOS.

— TOMMY BARNETT —

¡Usted es único! No viva la vida dudando de sí mismo. Tenga en cuenta que todo lo que ve como un defecto o una falla es una oportunidad para que Dios use esa vulnerabilidad para su gloria. Todos nos hemos sentido incapacitados en alguna ocación, y todos necesitamos la gracia de Dios y sus milagros en nuestra vida.

MATTHEW BARNETT
Se admiten fallas

INTRODUCCIÓN

INTRODUCCIÓN

CUANDO ERA NIÑO...

Cuando era niño, tenía dificultades con el habla y no podía pronunciar ciertas consonantes. En el primer grado, me pusieron en una clase especial llamada "recurso". Eso fue antes de que hubiera mucha sensibilidad a este tipo de problemas. Así que cada día después del horario regular de la escuela, me iba a esa clase que estaba cargada de emoción y equipaje relacional. Allí, recibía terapia del habla la mitad de cada día escolar. No podía pronunciar ciertos sonidos, y tartamudeaba muy mal. Con los años, mis patrones de habla no mejoraron mucho, así que permanecí en esa clase hasta el octavo grado. Cada día, a la hora del almuerzo dejaba las clases regulares y me iba a esas clases por la tarde. Como se imaginarán, yo no era exactamente un estudiante ejemplar, pero en las clases regulares sobresalí en dos materias: recreo y usar más que palabras. Excedí en ambas cosas.

Al final del quinto grado, la maestra programó una Gran Final de cómo usar más que palabras, un Super Bowl de mostrar y compartir. Ella nos dijo que trajéramos algo de nuestras casas para presentarlo y contarle a todos sobre ello. Para mantener todo bajo control, y que nadie trajera serpientes o demasiadas muñecas Barbie, nuestra maestra nos pidió que escribiéramos lo que

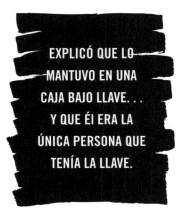

EXPLICÓ QUE LO MANTUVO EN UNA CAJA BAJO LLAVE. . . Y QUE ÉL ERA LA ÚNICA PERSONA QUE TENÍA LA LLAVE.

planeábamos llevar. Ella no quería ninguna duplicación. Para cuando el papel llegó a mí, casi todos los demás lo habían firmado. Solo quedábamos dos, Johnny y yo. Después de escribir lo que planeaba traer, le pasé el papel a Johnny. Para mi sorpresa, el escribió lo mismo: un muñeco del soldado GI Joe. Yo estaba muy molesto.

Durante los siguientes días, los niños de nuestra clase trajeron sus artículos preciados a la clase y nos contaron todo sobre ellos. No quiero decir que estos niños fueran competitivos, pero todos trataban de superar a los demás. Finalmente, a Johnny le llegó su turno. Él me sonrió mientras caminaba al frente de la clase, y orgullosamente mostró su GI Joe. . . ¡en la caja original! ¿Qué chico de sangre roja todavía tiene la caja en la que vino su figura de acción? Él lo describió como "una edición especial GI Joe". Explicó que lo mantuvo en una caja bajo llave. . . y él era la única persona que tenía la llave.

La maestra le preguntó: "Johnny, ¿te gustaría pasarlo para que todos puedan verlo de cerca?"

Él gritó, "¡NO! ¡No dejaré que nadie lo toque! Lo mantengo encerrado en mi armario icon toda mi colección de GI Joes!"

Johnny se sentó y la maestra se volvió hacia mí y me preguntó: "Dino, ¿estás listo para mostrar y contar?"

Asentí con la cabeza, "¡Seguro que lo estoy!" Creo que violé las reglas porque, aunque sabía que Johnny traía a su GI Joe, traje el mío de todos modos. No me importaba quién más trajera uno; era mi orgullo y alegría. Cuando caminé al frente, le dije a la clase: "Este es mi GI Joe, pero no vive en una caja en el armario. Vive en el barro en mi patio. . . al lado de nuestro perro encadenado". Pero no había terminado. Señalé un lugar negro en su cabeza y les dije: "Encendí su cabello en llamas". Luego lo volteé y les mostré una herida en la espalda. "Aquí es donde le amarré un cohete y lo exploté y una de las piernas se desprendió, así que la conecté de nuevo. Lo arrojé, lo atropellé y lo pisé fuerte, y él sigue pidiendo más." Agarré mi GI Joe por la cabeza y lo arrojé y grité, "¡Atrápalo Johnny!"

> NO HABÍA GUARDADO MI GI JOE EN SU CAJA ORIGINAL ENCERRADO EN UN ARMARIO. HABÍA ESTADO EN LA GUERRA...

No había guardado mi GI Joe en su caja original encerrado en un armario. Había estado en la guerra y tenía muchos golpes y hematomas. Los otros niños en la clase me dieron un gran aplauso.

Esto puede parecer una historia extraña para presentar el tema de servir a nuestras comunidades, pero en realidad, encaja perfectamente. La vida cristiana no está planeada para ser vivida cuidadosamente y protegida en una caja, y ciertamente no en una caja en un estante de un armario cerrado con llave. Está destinada a ser vivida en el mundo real, en el barro con gente real, dándoles una esperanza real.

Con demasiada frecuencia, las personas asisten a la iglesia, cantan y oyen un mensaje, todo dentro de las cuatro paredes del templo, pero sus vidas permanecen protegidas y seguras, casi como si vivieran en una caja. Nos preguntamos por qué nuestra gente no es más apasionada, no está más comprometida a llegar a las personas con el evangelio y no está más dispuesta a sacrificarse para atender a los desfavorecidos. No me malinterprete, estoy a favor de la buena música y la buena enseñanza.

Eso es importante, pero si hojeamos las páginas de los Evangelios, vemos un modelo de liderazgo muy diferente. La vida y el ministerio de Jesús son el mejor ejemplo de cómo usar más que palabras. Sus seguidores lo vieron sanar a los enfermos, alimentar a los hambrientos y ayudar a los pobres, y mientras Él estaba haciendo esas cosas, Él les enseñó. Ese era su modelo: les mostró con acción y no solo con palabras.

A veces, el modelo en nuestras iglesias se limita solo a contar, con muy poca demostración. No estoy criticando o condenando. Más bien, estoy señalando un modelo diferente, uno con el que me topé y me di cuenta de que era increíblemente efectivo, uno que ahora veo en cada página de los relatos de la vida de Jesús. Aprendí que accionar y usar más que palabras es la manera más poderosa de llenar los corazones y liberar la energía de las personas en nuestras iglesias. De eso se trata este libro.

LA IGLESIA ME LLEGÓ A MÍ

CUANDO ESTABA CRECIENDO

Cuando estaba creciendo, ayudaba a mis padres en nuestro negocio de familia en Myrtle Beach, en estado de Carolina del Sur. Vendíamos sandalias, camisas, dientes de tiburón y algodón de azúcar a los turistas, así que trabajábamos todos los fines de semana. No era que estuviéramos en contra de Dios o la iglesia; simplemente estábamos muy ocupados los sábados y domingos. De hecho, el domingo era nuestro día más importante y no podíamos perder ningún cliente potencial. Mi padre era un "católico decadente", pero era muy generoso y mi madre era Bautista, aunque no iba a la iglesia con regularidad.

Nuestra vida familiar giraba en torno a la venta de dulces de manzanas, patas de conejos y anillos. Era nuestro sustento, nuestra razón de ser.

Mi hermana mayor se entregó a Cristo en una Cruzada de Billy Graham, pero cuando ya era adolescentese se había mudado de la casa. Hubo algunos momentos en los que Dios se dio a conocer en nuestras vidas, pero ir a la iglesia era literalmente lo último en mi mente.

Para cuando tenía 17 años, había visto a predicadores de la calle que les gritaban a las personas cuando pasaban por allí, y había visto autobuses cargados de personas de la iglesia que se acercaban a la playa para repartir panfletos que advertían a las personas que iban a alguna forma de condenación eterna. Un día, un hombre se acercó a nuestro negocio mientras yo sacaba una muestra de dientes de tiburón y entabló una conversación conmigo. Me hizo saber muy pronto que era cristiano, pero no gritó, no presionó, y no repartió ninguna literatura que me amenazara con tormento espantoso y eterno. Me preguntó si me gustaría un helado de un vendedor cercano. No tenía prisa y no parecía tener una necesidad apremiante de convertirme. Por la mirada en sus ojos, el tono de su voz y su genuina amabilidad, sentí algo que no había sentido con otros cristianos que habían venido a convertirme: me sentí visto, me sentí notado, y me sentí amado.

Me di cuenta de que realmente tenía una agenda específica. Simple y llanamente, era amarme. Él no me veía como un trofeo más para su vitrina. Él estaba genuinamente interesado en mí, y quería mostrar el amor de Dios por mí al escuchar mi historia. Después de aproximadamente media hora de interacción

ME SENTÍ VISTO,
ME SENTÍ NOTADO,
Y ME SENTÍ AMADO.

relajada, me preguntó si podía decirme cómo conocer a Dios. Explicó el evangelio en un mensaje simple: aceptar, creer, confesar. Él me preguntó: "¿Quieres que ore contigo para recibir a Cristo?"

Yo dije: "No, en realidad no. Ahora no". Él no se ofendió, y no me amenazó. Él sonrió y dijo: "Está bien. Permíteme darte esta hoja, y si vuelves a pensar en nuestra conversación, te recordará de lo que hablamos". Se detuvo un momento, y luego sonrió de nuevo: "Puede haber un momento en el que quieras decir 'sí' al amor de Dios. Esta hoja tiene todo lo que necesitas saber. Cuando llegue ese momento, lee la oración en la parte posterior".

Dos semanas después, llegué a casa después de haber salido tarde de un lugar donde nunca debería haber ido. Había dejado la hoja cerca de mi cama. En ese momento, mi corazón se sintió atraído por Cristo. La leí otra vez y decidí hacer la oración en la parte posterior. Inmediatamente sentí el amor de Dios, el mismo amor que el hombre me había mostrado en nuestra charla cerca de la playa. Era un hombre que nunca había conocido santes, enviado por una iglesia que nunca había visitado (o escuchado), entrenado por líderes que entendían el poder de la bondad, y con recursos de personas fieles que

PODÍA DECIR QUE NO ERA SOLO UN PROYECTO PARA ÉL. ÉL ME AMABA GENUINAMENTE CON EL MARAVILLOSO AMOR DE DIOS.

diezmaban en el reino de Dios. Desde el momento en que nos conocimos, podía decir que no era solo un proyecto para él. Él me amaba genuinamente con el maravilloso amor de Dios.

Nunca hubiera ido a esa iglesia ni a ninguna otra, pero a través de él ¡la iglesia vino a mí! No tomé la iniciativa para ir. Este hombre y la gente de aquella iglesia no esperaron que yo llegara. Buscaban una oveja perdida, y la encontraron.

Hoy en día, muchas iglesias son lugares increíblemente atractivos. Tienen cafeterías, cuidado infantil excepcional, asientos de teatro, música fantástica, noches de cine, actividades familiares y muchas otras comodidades. No estoy minimizando esas cosas. De hecho, me gustan todas esas características, y soy parte de grandes iglesias que ofrecen cosas maravillosas a las personas

> **" MUCHAS PERSONAS SON COMO YO: NECESITAN QUE LA IGLESIA VAYA A ELLOS. "**

que llegan a sus puertas. Solo estoy observando que hay muchas personas que nunca tomarían el primer paso para ir a la iglesia a experimentar todas las grandes cosas que tienen para ofrecer. Muchas personas son como yo: necesitan que la iglesia vaya a ellos antes de que estén dispuestos a ir a la iglesia.

La pregunta para las iglesias no es "¿Vamos a ir a ellos?" Si comprendemos los Evangelios y miramos la vida de Jesús, por supuesto que iremos. La verdadera pregunta es *¿cómo* iremos a ellos? En este libro (y en todo lo que hago), deseo ayudar a los líderes de la iglesia a participar de manera más efectiva con las personas en sus comunidades, especialmente aquellas personas que no van a dar el primer paso hacia la iglesia.

DOS SUPOSICIONES

Conozco dos cosas importantes

Conozco dos cosas importantes acerca de los pastores y otros líderes de la iglesia: primero, realmente se preocupan por las personas en sus comunidades; y segundo, ya están extremadamente ocupados. Si perciben el llamado de llegar a los perdidos y a los más insignificantes como "una cosa más en la lista de tareas pendientes", no sucederá. Ya hay demasiadas personas y problemas que demandan su tiempo y atención. Necesitan repensar, redefinir y reubicar su llamado. Llegar a los pobres, los desfavorecidos, los privados de derechos y los despreciados es central en el corazón de Dios. No es un apéndice del evangelio de la gracia; es el evangelio de la gracia porque todos nosotros estábamos lejos de Dios y necesitábamos que Jesús nos alcanzara con su amor sacrificial.

Como líderes, podemos tener muchas motivaciones diferentes para estar en el ministerio, pero todas giran en torno a llegar a las personas con el amor de Jesucristo para impactar su eternidad. Tenemos diferentes dones y serfimos en diferentes situaciones, pero este es nuestro llamado común.

Jesús no esperó a que viniéramos a él. Dejó la comodidad y la gloria del cielo para llegar a donde nosotros vivimos. ¡La encarnación es el mayor acto de compromiso con la comunidad en la historia del mundo! Él vino como el Rey, pero no como cualquier rey que el planeta haya conocido jamás. Nació en la oscuridad, y sus padres eran tan pobres que solo podían pagar una ofrenda de palomas cuando fue presentado en el templo. En su ministerio, Él se movió sin esfuerzo entre los poderosos y los impotentes. Pero, de hecho, demostró la preferencia de Dios por los pobres cuando se acercó a los enfermos, a los leprosos, a los cojos, a los endemoniados, a los extranjeros, a los niños, a las mujeres y a otros que la sociedad menospreciaba o despreciaba. Estas personas no fueron proyectos para Jesús. Él genuinamente los amaba, y ellos lo sabían.

EN SU MINISTERIO, ÉL SE MOVIÓ SIN ESFUERZO ENTRE LOS PODEROSOS Y LOS IMPOTENTES.

Para mí, uno de los momentos más poderosos y conmovedores en los cuatro Evangelios es la breve introducción de Juan a la escena cuando Jesús reunió a los discípulos para la Última Cena.

Juan nos dice: "Se acercaba la fiesta de la Pascua. Jesús sabía que le había llegado la hora de abandonar este mundo para volver al Padre. Y habiendo amado a los suyos que estaban en el mundo, los amó hasta el fin" (Juan 13:1). Jesús no mostró su amor a través de una charla; lo demostró tomando el rol de un sirviente, el sirviente más humilde, y lavando sus pies polvorientos. Los discípulos (como nosotros) fueron lentos para entender su mensaje. Pronto discutieron sobre cuál de ellos ocuparía el puesto más alto cuando Jesús fuera coronado rey. ¡Las cosas no salieron exactamente como lo planearon! Al día siguiente, Jesús hizo todo lo posible para mostrar su amor: se entregó a sí mismo en nuestro lugar en la cruz. Jesús sirvió a los perdidos, a los pobres, a los privados de sus derechos y a los olvidados. No solo nos contó sobre "el alcance total de su amor"; Él lo demostró. Desde el comienzo de la iglesia, el cuidado de los perdidos y los más insignificantes ha sido fundamental para nuestro llamado. Liderar es servir, y de hecho, creer es servir.

> JESÚS NO MOSTRÓ SU AMOR A TRAVÉS DE UNA CHARLA; LO DEMOSTRÓ TOMANDO EL ROL DE UN SIRVIENTE,

Para los pastores y otros líderes de la iglesia, un acto de compasión para aquellos que se sienten ignorados no es solo una prioridad más para agregar a nuestra lista de tareas. El cuidado de "los más pequeños" es la cultura del evangelio, algo que no podemos dejar pasar por alto si queremos ser lo que Dios quiere que seamos. Pero tenemos que ser observadores. Las estrategias que utilizamos deben adaptarse a las necesidades que notamos donde vivimos: en áreas rurales, pueblos, suburbios y ciudades. Necesitamos mover nuestro enfoque fuera de las paredes de nuestros edificios. La iglesia no es un lugar, y no está restringida a una hora del domingo o cualquier otro momento de la semana. Somos personas que han sido elegidas, perdonadas, amadas y adoptadas por Dios. Le pertenecemos todo el día, todos los días, y tenemos el privilegio indescriptible de ser canales de su gracia, sabiduría y fortaleza para las personas que nunca esperaron recibir el asombroso amor de Dios. Estamos en una misión de rescate para llegar a las personas que están perdidas. Algunos saben cuán desesperantes son sus situaciones, y otros lo desconocen por completo. Al igual que Jesús, nos acercamos a sus vidas con ayuda tangible: alimento, refugio, ropa y seguridad, y el incomparable mensaje de gracia. A medida que ven el amor en acción y escuchan las buenas nuevas, les permitimos elegir aceptar Su oferta de gracia.

Los beneficios de hacer este ministerio central para el llamado de tu iglesia son profundos y amplios. Tú y tu gente estarán más en contacto con el corazón de Dios, verán resultados específicos en la vida de los necesitados, tu gente crecerá en su amor por Dios y por las personas cuando vean que Dios los usa, y las personas en tu comunidad se sentirán atraídos por el amor y la alegría que han experimentado. En otras palabras, tu iglesia crecerá a medida que las personas en tu comunidad se sientan amadas. Esos resultados valen la pena.

¿Cómo sucede todo esto? Necesitamos tener dos verdades en nuestras manos. Primero, Dios ya está usando a tu gente para ayudar a las personas que los rodean. El evangelio los ha transformado de egoístas a generosos y están respondiendo a las necesidades que ven todos los días. No tienes que aumentar tu entusiasmo. Tu trabajo es celebrar tu compasión, proporcionar recursos y empoderarlos para dirigir. En segundo lugar, se necesita el poder del Espíritu Santo obrando a través de un plan inspirado por Dios para crear una cultura de generosidad en tu iglesia. Cuando la iglesia comenzó, prácticamente todos los creyentes eran judíos. Los gentiles eran considerados forasteros, impuros y despreciables. Dios usó una visión y una persona

ESTAMOS EN UNA MISIÓN DE RESCATE PARA LLEGAR A LAS PERSONAS QUE ESTÁN PERDIDAS.

para invitar a Pedro a llegar a la casa de Cornelio, un soldado romano, para compartir el evangelio de la gracia. Pedro explicó cuán notable era que Dios ahora también invitaba a los gentiles a ser sus hijos.

Pedro comenzó diciéndole a Cornelio acerca de la vida y el propósito de Jesús: "Dios envió su mensaje al pueblo de Israel, anunciando las buenas nuevas de la paz por medio de Jesucristo, que es el Señor de todos. Ustedes conocen este mensaje que se difundió por toda Judea, comenzando desde Galilea, después del bautismo que predicó Juan. Me refiero a Jesús de Nazaret: cómo lo ungió Dios con el Espíritu Santo y con poder, y cómo anduvo haciendo el bien y sanando a todos los que estaban oprimidos por el diablo, porque Dios estaba con él" (Hechos 10: 36-38).

Pero Pedro no había terminado con su explicación. Sí, Jesús fue primero a los judíos, pero su amor se extiende a todas las personas. De hecho, el amplio alcance de la gracia de Dios no debería haber sido una sorpresa para nadie. Pedro continuó: "Él nos mandó a predicar al pueblo y a dar solemne testimonio de que ha sido nombrado por Dios como juez de vivos y muertos. De él dan testimonio todos los profetas, que todo el que cree en él recibe, por medio de su nombre, el perdón de los pecados" (Hechos 10: 42-43).

La iglesia comenzó con un corazón por la diversidad. Entonces y ahora, nadie está más allá de la gracia de Dios, y nadie está más allá del alcance del pueblo de Dios. Algunos de nuestros actos de compasión se manifiestan espontáneamente a medida que el amor que experimentamos fluye a través de nosotros y de nosotros hacia las vidas de los demás; pero las iglesias necesitan un plan. A través de Isaías, Dios conectó los puntos: "Pero los generosos proponen hacer lo que es generoso y se mantienen firmes en su generosidad" (Isaías 32:8, NTV). Pastores y líderes de iglesias, nuestro trabajo es "idear cosas generosas" en las que nuestra gente pueda participar.

DÉJAME HACER ALGUNAS PREGUNTAS:

— AL MIRAR LAS PRIORIDADES QUE JESÚS DEMOSTRÓ, ¿CUÁN BIEN ENCAJAN LAS NUESTRAS CON LAS SUYAS?

— ¿ES NUESTRA IGLESIA CONOCIDA EN LA COMUNIDAD POR SU COMPASIÓN HACIA LAS PERSONAS DESFAVORECIDAS?

— ¿CÓMO PODRÍAMOS EXPLICAR EL CORAZÓN DE DIOS PARA NUESTRAS COMUNIDADES?

— ¿CUÁNTOS DE NUESTROS RECURSOS ESTAMOS ASIGNANDO PARA AYUDAR A LOS POBRES Y LOS DESFAVORECIDOS?

— ¿ESTÁN AYUDANDO LOS RECURSOS Y EL TIEMPO QUE INVERTIMOS EN LAS PERSONAS A DAR EL SIGUIENTE PASO PARA SALIR DE SUS CIRCUNSTANCIAS Y EN UN LUGAR DONDE PUEDAN CONECTARSE CON EL CUERPO DE CRISTO?

Sé que te preocupas por las personas que están fuera de las paredes de tu iglesia; de otra forma, no habrías escogido este libro. Simplemente quiero compartir algunas historias y lecciones que aprendí cuando tomamos la iniciativa de acercarnos a las personas de nuestra comunidad. Hemos hecho algunas cosas geniales, pero también hemos cometido muchos errores. Quiero ayudarte a evitar algunos de nuestros errores, aunque sabemos que también cometerás algunos. Te daré una idea de dónde hemos encontrado algunos recursos valiosos que nos han permitido ayudar a muchas personas. Por último, quiero alentarte a que te mantengas enfocados a pesar de tus inevitables altibajos a medida que te acercas a las personas lastimadas, desplazadas y olvidadas.

TRES HERRAMIENTAS
TRES HERRAMIENTAS

Este libro es una de varias herramientas que
te proporcionamos a ti y a tu gente:

Recomendamos mi libro, *Servolución*, para que cada persona en tu iglesia se inspire para servir a los demás de manera alegre y efectiva.

El libro que tiene en tus manos es para pastores y líderes, probablemente el equipo de personal, voluntarios claves y líderes de grupos pequeños. Una cultura de servicio comienza con liderazgo. Este libro está diseñado para ayudar a los líderes a comprender el corazón del servicio y proporcionar una estrategia para el alcance comunitario.

Además, ofrecemos una amplia variedad de recursos en internet que pueden ayudarte con la planificación y la implementación de este alcance.

Para obtener más información acerca de los recursos , vaya al Apéndice,
Recursos Adicionales.

A MEDIDA QUE LEE *SIRVE A TU CIUDAD* Y LO COMPARTE CON OTROS LÍDERES, PODRÁS REORGANIZAR TUS PRIORIDADES PARA ASEGURARTE DE QUE ESTÁN ALINEADOS CON EL CORAZÓN DE DIOS Y SUS PROPÓSITOS.

MI ESPERANZA PARA TI ▬▬▬

A MEDIDA QUE LEAS ESTE LIBRO

A medida que leas este libro y tomes medidas para llegar de manera más efectiva a tu comunidad, espero que las historias te inspiren y que las ideas impulsen tu planificación. Tu puedes hacerlo. Puedes tener una presencia efectiva en tu comunidad. Puedes ver que Dios usa a tu gente para transformar vidas y llevar esperanza a los que no tienen esperanza. Tus miembros aprenderán a ir con los corazones llenos y las manos abiertas. La gente a la que sirves puede ser que nunca entre por la puerta de tu iglesia, pero está bien. Solo uno de los leprosos que Jesús sanó retornó para darle las gracias, pero Jesús siguió extendiéndose, ofreciéndose a sí mismo, sanando cuerpos y cambiando vidas.

En realidad, este ministerio es más fácil de lo que se puede imaginar. De hecho, ya está sucediendo mientras tu gente se preocupa por sus vecinos y extraños. Tu tarea no es hacer que las personas se preocupen por otros; es solo desarrollar a las personas que Dios te ha dado para que desarrollen a los demás. Proporcionará "logística del evangelio" para los "puntos de compasión" que ya existen en su gente e inspirará a grupos pequeños y equipos a encontrar formas creativas y efectivas de hacer una diferencia en sus comunidades. Le brindarás a tu gente el enfoque, los recursos, el aliento y las conexiones para incluso más personas. A medida que este ministerio se desarrolle, descubrirá más dones, talentos y recursos de los que nunca imaginó. Las personas que tienen habilidades muy prácticas como carpintería, costura, administración de finanzas, reparación

> **PUEDES VER QUE DIOS USA A TU GENTE PARA TRANSFORMAR VIDAS Y LLEVAR ESPERANZA A LOS QUE NO TIENEN ESPERANZA.**

de automóviles, reparación de computado-
ras, etc., usarán estas cosas para ayudar a las
personas.

Los que asisten a tu iglesia ya aman a Dios y
a las personas que los rodean, pero puedes
ayudarlos a tener un impacto mucho mayor con
sus vecinos y personas que nunca hubieran conocido sin la participación de la comunidad de
la iglesia. A medida que nos profundizamos en
el amor de Dios, ese amor fluye de formas más
grandes, más profundas, más amplias y más

NUESTRA VIDA SE MUEVE A LA VELOCIDAD DEL DOLOR QUE PERCIBIMOS EN QUIENES NOS RODEAN.

específicas. Nuestra tarea y nuestro privilegio es mostrar a las personas
la gracia que Jesús derrama sobre nosotros que somos tan indignos, y
nuestros corazones se derritan de amor por otros que han desperdiciado
su vida. Cuando estamos en contacto con el corazón de Dios, vemos a la
gente pobre de manera diferente, vemos adictos y alcohólicos a través de
ojos cambiados, nuestro corazón se quebranta por aquellos que tienen el
corazón roto, y queremos que experimenten la maravilla de la bondad y la
compasión de Dios.

Nuestra vida se mueve a la velocidad del dolor que percibimos en quienes
nos rodean. Si no nos damos cuenta, o no nos preocupamos, pasamos
volando; pero si nos damos cuenta y nos preocupamos, disminuimos la
velocidad para proporcionarles amor y recursos. En una escala mayor, creo
que la iglesia se mueve a la velocidad del dolor que percibimos en nuestras comunidades. Jesús nunca tuvo prisa. Se detuvo para escuchar, tocar,
cuidar, y su amor cambió a la gente. Todavía lo hace. El dolor de las personas fuera de la iglesia es difícil de notar si nuestra atención se centra solo

en lo que sucede dentro de la iglesia. Una de nuestras tareas principales como líderes, entonces, es dar permiso a las personas para llevar el amor y el poder de Dios fuera del edificio.

¿Qué tipo de diferencia quieres hacer? ¿Qué legado estás preparando y dejando? Si solo es excelencia y tamaño, estás perdiendo el corazón de Dios. Pero si tienes la pasión absoluta de ver a tu gente alcanzar la vida de los perdidos y los más insignificantes en tu comunidad, dejarás un poderoso legado de compasión y fortaleza para tus líderes, tu gente, y todos a quienes ellos tocan. Jesús usó "Más que palabras" para mover a las personas a la acción, y nosotros podemos usar la misma estrategia de comunicación. Decir a nuestra gente que sean compasivas no es suficiente. Al igual que Jesús con sus discípulos, tenemos que llevar a nuestra gente con nosotros para tocar la vida de aquellos que a menudo son pasados por alto. Cuando hacemos esto, suceden cosas asombrosas. Lo sé. Lo he visto. No te pierdas el poder de usar más que palabras. Es importante.

Los principios y aplicaciones en este libro fueron compartidos por muchos años de prueba y error, ya que he intentado llevar el amor, el poder, y la gracia de Dios a personas que a menudo se sienten olvidadas. Pero estas ideas no son únicas para mí. En estos capítulos encontrará historias de otras iglesias de ARC que movilizan a su genta para llevar el amor de Dios a las personas de sus comunidades.

Al final de esta introducción y de cada capítulo, encontrarás algunas preguntas. Te animo a que respondas a estas preguntas considerando el qué, el por qué y el cómo de la estrategia de tu iglesia para servir a tu comunidad. También puedes usar las preguntas para promover discusiones entre tu equipo de liderazgo. Obtendrás mucho más de este libro si tomas el tiempo de pensar, orar y hablar sobre las historias y los principios.

ISAÍAS 58: 6-9

"El ayuno que he escogido,
¿no es más bien romper las cadenas de injusticia
y desatar las correas del yugo, poner en libertad a los oprimidos
y romper toda atadura?
¿No es acaso el ayuno compartir tu pan con el hambriento
y dar refugio a los pobres sin techo, vestir al desnudo
y no dejar de lado a tus semejantes? Si así procedes,
tu luz despuntará como la aurora,
y al instante llegará tu sanidad; tu justicia te abrirá el camino,
y la gloria del Señor te seguirá.
Llamarás, y el Señor responderá;
pedirás ayuda, y él dirá: "¡Aquí estoy!" Si desechas el yugo
de opresión, el dedo acusador y la lengua maliciosa".

PIENSE EN ESTO:

1

¿Cuáles son algunas de las razones por las que es fácil para los líderes de la iglesia invertir una cantidad desproporcionada de tiempo, energía y dinero en lo que sucede dentro de las paredes de la iglesia en lugar de lo que sucede fuera de ellos?

....

....

....

....

....

....

2

Muchas personas nunca asisten a la iglesia porque tienen una percepción negativa de lo que sucede dentro del edificio. ¿De qué maneras podemos darles a las personas una percepción positiva de Jesús y la iglesia antes de que entren por nuestras puertas?

....

....

....

....

....

....

3

¿Quiénes son algunas
personas en tu iglesia
que ya están involu-
cradas en el cuidado
compasivo de los
demás? ¿Qué impacto
están teniendo?

....

....

....

....

....

....

....

....

....

....

4

¿Qué esperas obtener
de este libro, para
ti mismo y para tu
equipo de liderazgo?

....

....

....

....

....

....

....

....

....

....

5

Si diriges una conver-
sación con tu equipo,
escriba las respuestas
a estas preguntas en
una pizarra:

¿Cuál fue el propósito
por la cual se
comenzó tu iglesia?

¿Cuáles son tus
sueños para alcanzar
a nuestra ciudad?

Cuando piensas en
hacer una diferencia
en tu ciudad o pueblo,
¿qué caras te vienen
a la mente?

¿Quiénes son algunas
personas en tu iglesia
que ven la misión de
la iglesia como una
poderosa mezcla de
compasión por los
pobres y el evangelio
para todos?

....
....
....
....
....
....
....
....
....
....
....
....
....
....
....
....
....
....
....
....

Los "más pequeñitos de mis hermanos" son los hambrientos y los solitarios, no solo por la comida, sino por la Palabra de Dios. El ignorante y el sediento no solo por el agua, sino también por el conocimiento, la paz, la verdad, la justicia y el amor. Los desnudos y los rechazados, no solo por la ropa, sino también por la dignidad humana. El no deseado. El niño por nacer. Los discriminados racialmente. Los desamparados y abandonados, no solo por un refugio hecho de ladrillos, sino por un corazón que comprende, que cubre, que ama. Los enfermos, los desamparados moribundos y los cautivos, no solo en cuerpo, sino también en mente y espíritu. Todos aquellos que han perdido toda esperanza y fe en la vida. Los alcohólicos y adictos moribundos y todos aquellos que han perdido a Dios y que han perdido toda esperanza en el poder del Espíritu.

LA MADRE TERESA
Camino de sencillez

CAPÍTULO UNO

CONECTÁNDONOS CON EL CORAZÓN DE DIOS

CUANDO TENÍA

Cuando tenía solo dos semanas de ser cristiano, me dirigía a mi automóvil una noche tarde después del trabajo y noté a una mujer rebuscando en un basurero detrás de un restaurante de comida rápida. El callejón estaba oscuro, pero había suficiente luz para poder verla claramente. Estoy seguro de que había visto antes a gente pobre y desamparado buscando en la basura, pero esta fue la primera vez que realmente lo noté. El evangelio estaba cambiando mi corazón y dándome nuevos ojos para observar a las personas a mi alrededor. Mientras la miraba, pensé: *¡No debería ser así!*

Al día siguiente, ella vino por el mostrador de nuestra tienda de turismo en Myrtle Beach. No había duda de que era la misma mujer, pero no creo que ella me haya reconocido desde la noche anterior. Mi corazón se quebrantó por ella, pero no estaba seguro de qué hacer. Sabía que estaba hambrienta así que tartamudeé: "¿Puedes esperar aquí por un minuto?" Parecía un poco confundida, pero asintió.

Fui al McDonald's más cercano y compré 40 certificados de un dólar. Casi corro hacia el mostrador. No estaba seguro de que todavía estuviera allí, pero ella estaba esperando pacientemente. Cuando le di los certificados, pareció sorprendida. Por primera vez en mi vida dije las palabras: "Solo quiero que sepa que Jesús la ama." No le di un discurso teológico sobre el significado de la encarnación y la cruz. Esa era la única frase que tenía. La frase que salió de mi boca era la suma total de toda la teología que conocía, la totalidad de todo lo que tenía que contar.

No le di los certificados y le dije que Jesús la amaba porque yo había sido entrenado para hacer esas cosas. No lo estaba haciendo por ninguna recompensa o para ser notado. Era simplemente una expresión del amor que Dios me había mostrado y yo quería que ella también experimentara su amor. La gracia de Dios me había dejado sin aliento y quería compartir la maravilla de su gracia con esa preciosa mujer.

Ella vino a nuestro mostrador varias veces ese verano, a menudo solo para conversar. Estoy seguro de que estaba sola, pero estaba contenta de tener a alguien que se conectó con ella. No teníamos absolutamente nada en común, pero eso no nos importaba. Le compré comida en otras ocasiones, pero sobre todo nos hicimos amigos y solamente hablábamos. A mediados del verano comencé a asistir a una iglesia y una mujer en la iglesia se acercó a ella para convertirse en su amiga.

HAY UNA DIFERENCIA ENTRE VER UNA NECESIDAD Y SUPLIRLA.

Nuestro encuentro con Jesús cambia nuestro corazón y nos da empatía por otros que están heridos y necesitados. Sin embargo, hay una diferencia entre ver una necesidad y suplirla; hay una diferencia entre la intención y la acción.

No es suficiente solo darse cuenta. Jesús notó nuestra necesidad y movió el cielo y la tierra para suplirla. La acción amorosa y sacrificial es la medida de su amor, y también es la medida de nuestro amor.

ALGO MARAVILLOSO SUCEDE CUANDO EL AMOR DE DIOS SUPERA NUESTRA RESISTENCIA.

Tenemos una variedad de excusas para observar, pero sin ayudar. Lo sé porque las he usado. Sin embargo, algo maravilloso sucede cuando el amor de Dios supera nuestra resistencia. No hace mucho tiempo pasé junto a un hombre que estaba parado al lado de su automóvil al costado de la autopista. Al instante, pensé, *estoy muy ocupado, y no tengo idea de cuánto tiempo llevaría ayudarlo.* Y también pensé: *¡soy absolutamente la última persona a la que alguien pediría ayuda con algo mecánico!* Pero sentí que el Espíritu Santo me hizo una simple pregunta: "¿Te detendrías a ayudarlo?"

Me volteé y manejé hacia atrás. Cuando me detuve detrás de él y salí de mi camioneta, le pregunté: "Oye, amigo, ¿Estás bien? ¿Necesitas algo?" (Probablemente no sean las preguntas más brillantes que alguien pueda hacerle a alguien varado al borde de la carretera.)

Él me dijo: "Mi auto se está calentando y necesito un poco de agua para el radiador".

Yo tenía algunas botellas de agua en mi camioneta. Al instante, me di cuenta de que Dios me había preparado justo para ese momento. Después de echar el agua en su radiador, me dio las gracias por parar. Le dije: "Oye, quiero que sepas que Dios me hizo detenerme para ayudarte. No podría haberlo ayudado si necesitaba un mecánico, pero tenía el agua que necesitaba. Sabes que Dios te ayuda, ¿verdad? Él debe amarte mucho para decirme que me dé la vuelta para ayudarte". Ambos nos reímos, él me dio la mano y nos marchamos.

Las preguntas para mí, y supongo que las preguntas para ti y para todos en tu iglesia son: ¿Estamos escuchando la voz del Espíritu? y ¿Obedeceremos cuando el Espíritu Santo nos ordene que ayudemos a alguien? El asunto no es si tenemos talento, recursos o habilidades. El asunto es si estamos en sintonía con el corazón de Dios para ayudar a las personas necesitadas.

A menudo nos enfocamos en las acciones de Jesús, pero si leemos con más cuidado en los Evangelios, notaremos que la atención de Jesús a menudo era captada por los necesitados. Una y otra vez, cuando escuchaba a la gente gritar o los notaba necesitados, se detenía para escuchar, cuidar, tocar y sanar.

NO ES ALGO QUE AÑADIMOS

CUANDO LEEMOS LAS ESCRITURAS

Cuando leemos las Escrituras, vemos repetidamente el corazón de Dios para las personas vulnerables de la sociedad. Desde las primeras páginas de la Biblia, Dios instruyó a su pueblo a cuidar a las viudas, los huérfanos, los pobres y los emigrantes. (Hoy agregaríamos madres solteras, adictos, ancianos, personas sin hogar, mujeres que han sido víctimas de tráfico humano y otros grupos vulnerables.) Este cuidado no fue diseñado para privar a las personas de su dignidad, sino para edificar y alimentar esa dignidad. Por ejemplo, los granjeros debían dejar los bordes alrededor de sus campos libres para que la gente pobre pudiera cosechar suficiente grano para hacer su propio pan. Por medio de Isaías, Dios condenó a su pueblo por hacer todas las "cosas correctas" en la adoración y el ayuno, pero descuidaron a los pobres entre ellos. Dios incluso criticó a los pueblos paganos y los reprochó por negarse a cuidar a los desfavorecidos.[1]

Cuando Jesús comenzó su ministerio leyendo en el rollo de Isaías, conectó su misión con el corazón de Dios descrito en las Escrituras antiguas:

"Fue a Nazaret, donde se había criado, y un sábado entró en la sinagoga, como era su costumbre. Se levantó para hacer la lectura, y le entregaron el libro del profeta Isaías. Al desenrollarlo, encontró el lugar donde está escrito: El Espíritu del Señor está sobre mí, por cuanto me ha ungido para anunciar buenas nuevas a los pobres. Me ha enviado a proclamar libertad a los cautivos y dar vista a los ciegos, a poner en libertad a los oprimidos, a pregonar el año del favor del Señor" (Lucas 4: 16-19)

Jesús tenía preferencias, pero no de la manera en que generalmente usamos esta palabra. Tenía preferencia hacia las personas que necesitaban ayuda. Amaba a todos, ricos y pobres, poderosos e impotentes, pero los escritores de los Evangelios se aseguraron de que entendamos que Jesús se preocupó por acercarse a aquellos que eran despreciados, pasados por alto y rechazados. Su espacio personal y

JESÚS SE PREOCUPÓ POR ACERCASRSE A AQUELLOS QUE ERAM DESPRECIADOS, PASADOS POR ALTO Y RECHAZADOS.

---

1 Para obtener más información sobre la enseñanza de las Escrituras en el Antiguo y el Nuevo Testamento sobre el corazón de Dios para los pobres, vea *Generous Justice* (Justicia Generosa) por Timothy Keller.

su comodidad eran secundarios. Él se complació en demostrar su amor y poder en la vida de aquellos que estaban al margen de la sociedad.

El mundo no ha cambiado mucho desde el primer siglo. Los poderosos y los ricos esperan gobernar. Los cristianos, sin embargo, tienen un sistema de valores muy diferente. Estamos conectados con aquel que entregó el poder, que pasó a ser el último para poder ponernos a nosotros primero, cuya única vestimenta fue apostada, que murió sin un centavo en el bolsillo, y de hecho, fue enterrado en una tumba prestada. Su corazón era y es diametralmente opuesto a los valores de nuestro mundo.

Tenemos una increíble cantidad de oportunidades para participar en la vida de las personas que sufren. Cuando sucede lo peor, los cristianos son lo mejor que le puede pasar a una ciudad o pueblo. Cuando alguien está gravemente enfermo o muerto, aquellos que han experimentado la compasión de Jesús lloran con los que lloran. Cuando los desastres naturales destruyen una comunidad, aquellos cuyos corazones están llenos de fe, esperanza y amor intervienen para proporcionar un hombro donde llorar, algo de sudor y trabajo para arreglar las cosas y llenar un estómago o varios estómagos hambrientos. Cuando los tiempos son difíciles y oscuros, los cristianos brillan como luces en un mundo atribulado. En un mundo con tanto odio y división, mostramos y hablamos a la gente sobre el amor sanador de Jesús.

Miles de personas se sintieron atraídas por Jesús porque era tan diferente de todo lo que habían visto en sus líderes religiosos tan rígidos, exigentes y legalistas. En su sermón más famoso, Jesús les enseñó sobre el amor de Dios, la gracia de Dios y los propósitos de Dios, y "las multitudes se maravillaron de su enseñanza" (Mateo 7:28). La historia, sin embargo, no había terminado. Cuando Jesús bajó de la montaña, sanó a un hombre con lepra (Mateo 8:1-4), un siervo del centurión que estaba paralítico (Mateo 8:5-13) y la suegra de Pedro (Mateo 8:14-15), y expulsó demonios de aquellos que estaban poseídos (Mateo 8:16-17).

Mi escena favorita también está grabada por Mateo:

> Salió Jesús de allí y llegó a orillas del mar de Galilea. Luego subió a la montaña y se sentó. Se le acercaron grandes multitudes que llevaban cojos, ciegos, lisiados, mudos y muchos enfermos más, y los pusieron a sus pies; y él los sanó. La gente se asombraba al ver a los mudos hablar, a los lisiados recobrar la salud, a los cojos andar y a los ciegos ver. Y alababan al Dios de Israel. (Mateo 15:29-31)

Jesús se consumió con las necesidades de los demás. Él estaba con ellos, entre ellos, tocándolos. Mateo nos dice:

> Jesús llamó a sus discípulos y les dijo: "Siento compasión de esta gente porque ya llevan tres días conmigo y no tienen nada que comer. No quiero despedirlos sin comer, no sea que se desmayen por el camino" (Mateo 15:32).

"JESÚS SE CONSUMIÓ CON LAS NECESIDADES DE LOS DEMÁS."

Jesús usó unos pocos panes y unos pececitos y en otra exhibición milagrosa, los alimentó a todos: cuatro mil hombres, más sus esposas e hijos, tal vez doce mil en total.

Pienso que este no fue realmente un día inusual para Jesús. Dondequiera que Jesús se puso en contacto con las personas, les enseñó, los amó, los sanó y los ayudó. Él nunca rechazó a nadie y nunca tuvo prisa. Fue hacia ellos; él no esperó a que vinieran a él. Estaba afuera cuando enseñó a la multitud, pero en encuentros íntimos, tocó y sanó. En una ocasión, cuatro hombres crearon un espacio en el techo para bajar a su amigo paralizado frente a Jesús porque la casa estaba demasiado lleno para traerlo por el frente. De repente, una losa del techo cayó cerca de Jesús mientras el hombre era bajado por el hueco. Estaba más que dispuesto a que se violara su espacio personal para poder mostrar su amor a las personas que lo rodeaban.

TRANSFORMADO POR EL AMOR

CUANDO ENTRO EN UN LUGAR

Cuando entro en un lugar donde hay mucha gente que no conozco, me siento muy cohibido. Intento leer las expresiones de las personas para ver si me quieren y me aceptan, y quiero impresionarlos. (Estoy seguro de que soy el único así . . . ¡por favor oren por mí!) Jesús no parece estar nunca consciente de sí mismo. En las circunstancias más amenazantes, estaba completamente seguro, consciente de lo que estaba sucediendo y capaz de responder con toda la verdad y la gracia. Las personas que están llenas de su amor, perdón y aceptación se están volviendo como Él. Se sienten seguros, ya no son egoístas y ahora están conscientes de las necesidades de los demás.

> LAS PERSONAS QUE ESTÁN LLENAS DE SU AMOR, PERDÓN, Y ACEPTQCIÓN SE ESTÁN VOLVIENDO COMO ÉL.

Una de mis escenas favoritas en los Evangelios es el relato de Lucas sobre la cena en la casa de Simón el fariseo. En medio de la cena, irrumpió una mujer. No solo no fue invitada, sino que

SU EXPERIENCIA CON JESÚS ENCENDIÓ UN FUSIBLE QUE EXPLOTÓ EN UNA SINCERA ADORACIÓN Y SERVICIO A AQUEL QUE LA AMÓ INCONDICIONALMENTE.

Simón no la quería allí. Ella era probablemente una prostituta, y probablemente conoció a Jesús en un encuentro casual en la calle ese mismo día. No conocemos los detalles de su conversación, pero una cosa está clara: ella experimentó la maravilla de su amor y perdón. Esa noche ella no pudo contenerse a sí misma. Ella descubrió dónde Jesús estaba cenando. A pesar de que este fariseo despreciaba a los "pecadores" como ella, ella pasó entre los siervos y se arrojó a los pies de Jesús. Lucas nos dice: "Ahora bien, vivía en aquel pueblo una mujer que tenía fama de pecadora. Cuando ella se enteró de que Jesús estaba comiendo en casa del fariseo, se presentó con un frasco de alabastro lleno de perfume. Llorando, se arrojó a los pies de Jesús, de manera que se los bañaba en lágrimas. Luego se los secó con los cabellos; también se los besaba y se los ungía con el perfume" (Lucas 7: 37-38).

Simón estaba indignado porque la mujer había venido sin invitación, pero Jesús aprovechó ese momento glorioso para dibujar un claro contraste: Simón, el líder religioso santurrón, no tenía amor en su corazón por la mujer ni tampoco por Jesús. Pero la mujer, que tuvo un encuentro con Jesús que cambió su vida solo unas horas antes, no pudo dejar de mostrar su afecto por él. Su experiencia con Jesús encendió un fusible que explotó en una sincera adoración y servicio a aquel que la amó incondicionalmente. ¿Quién puede dudar de que ella saliera de la casa de Simón y les dijo a todos que ella conocía a Jesús?

SIRVE A TU CIUDAD

ENTONCES... ¿QUIÉN ERES TÚ Y YO EN ESTA HISTORIA?

¿Somos como Simón, culpando a Jesús, sus métodos y su mensaje, arrogante, negándose a abrazar por completo la amorosa presencia de Jesús? No, probablemente no; pero algunas personas en nuestras iglesias son como Simón. Algunos de nosotros, sin embargo, somos como los discípulos, que en ese momento no le dieron importancia a estar con Jesús. Puede que hayamos estado emocionados en un punto, pero ahora el ministerio es más duro. O como la mujer, ¿es el increíble amor de Jesús tan rico y real para nosotros que sigue encendiendo el fusible de la alabanza, la gratitud y el servicio?

Aquí hay otra forma de analizar y aplicar las lecciones de esta escena: ¿Qué no podemos dejar de hacer? ¿Es nuestro modo predeterminado criticar a aquellos que son diferentes a nosotros, mantenernos alejados de ellos y encontrar fallas en su carácter? O ¿hemos sido transformados como esta mujer causando que nuestro corazón estalle de deleite, amor y alegría? ¿Somos tan inseguros que estamos analizando a la gente en lugar de estar completamente presentes y atentos a las personas? ¿Estamos más preocupados con nuestra reputación que con el corazón de las personas que conocemos?

Cuando entras en una nueva situación (o en cualquier situación), absorbes el amor de Jesús para que no necesite la aprobación de nadie y no le tema al ceño fruncido de nadie. Sumérgete en la gracia de Dios y controla la sala como lo hizo Jesús cuando la mujer entró en la casa de Simón. Tome la iniciativa

> ¿ESTAMOS MÁS PREOCUPADOS CON NUESTRA REPUTACIÓN QUE CON EL CORAZÓN DE LAS PERSONAS QUE CONOCEMOS?

de cruzar la sala para conocer a la gente (especialmente personas que no se parecen igual a ti), ingresa al mundo de ellos sin una agenda preconcebida, haga preguntas importantes y escucha como si realmente te importan... porque realmente lo son.

Un pastor me dijo una vez que no le gustaba involucrar a otros porque el era introvertido. Le dije que ser un introvertido no es un defecto de carácter, pero que amar a la gente no es la descripción de trabajo solo para los extrovertidos. Es el llamado, privilegio y orden para cada creyente. Simplemente lo hacemos de diferentes maneras.

A veces tenemos una idea de que Jesús es un figura que está inmóvil y sostiene un cordero sobre sus hombros, o que flota unos centímetros por encima del suelo y es inaccesible. Eso es ridículo. Cuando leemos los Evangelios, vemos a Jesús intercambiando con toda clase de personas. Marcos incluso comienza su relato con la historia de Jesús tocando a un leproso. Si eso no llama tu atención, ¿qué lo hará? Otros pueden haber evitado a los desechados de la sociedad, pero no Jesús. Se trasladó a las vidas de los ciegos, los cojos, los niños, las mujeres, los extranjeros, los pobres, los enfermos y los atormentados por demonios. Él no evitó a las personas difíciles; él las atesoraba.

Jesús no nos pide que cuidemos de los corazones vacíos. Si vemos a las personas necesitadas como amenazas para nuestra comodidad, como irritaciones o molestias, entonces necesitamos experimentar la gracia de Dios más profundamente.

La gente a las cuales se les ha mostrado gracia, muestre gracia.

La gente sanada, sane a la gente.

Las personas perdonadas, perdonen a las personas.

La gente amada, amen a la gente.

Las personas aceptadas, acepten a las personas.

No esperemos hasta que todo esté bien para participar en la vida de los demás. Simplemente debemos sorprendernos de lo que Dios ha hecho por nosotros y lo que está haciendo en nosotros. Eso es suficiente.

> **NO ESPEREMOS HASTA QUE TODO ESTÉ BIEN PARA PARTICIPAR EN LA VIDA DE LOS DEMÁS.**

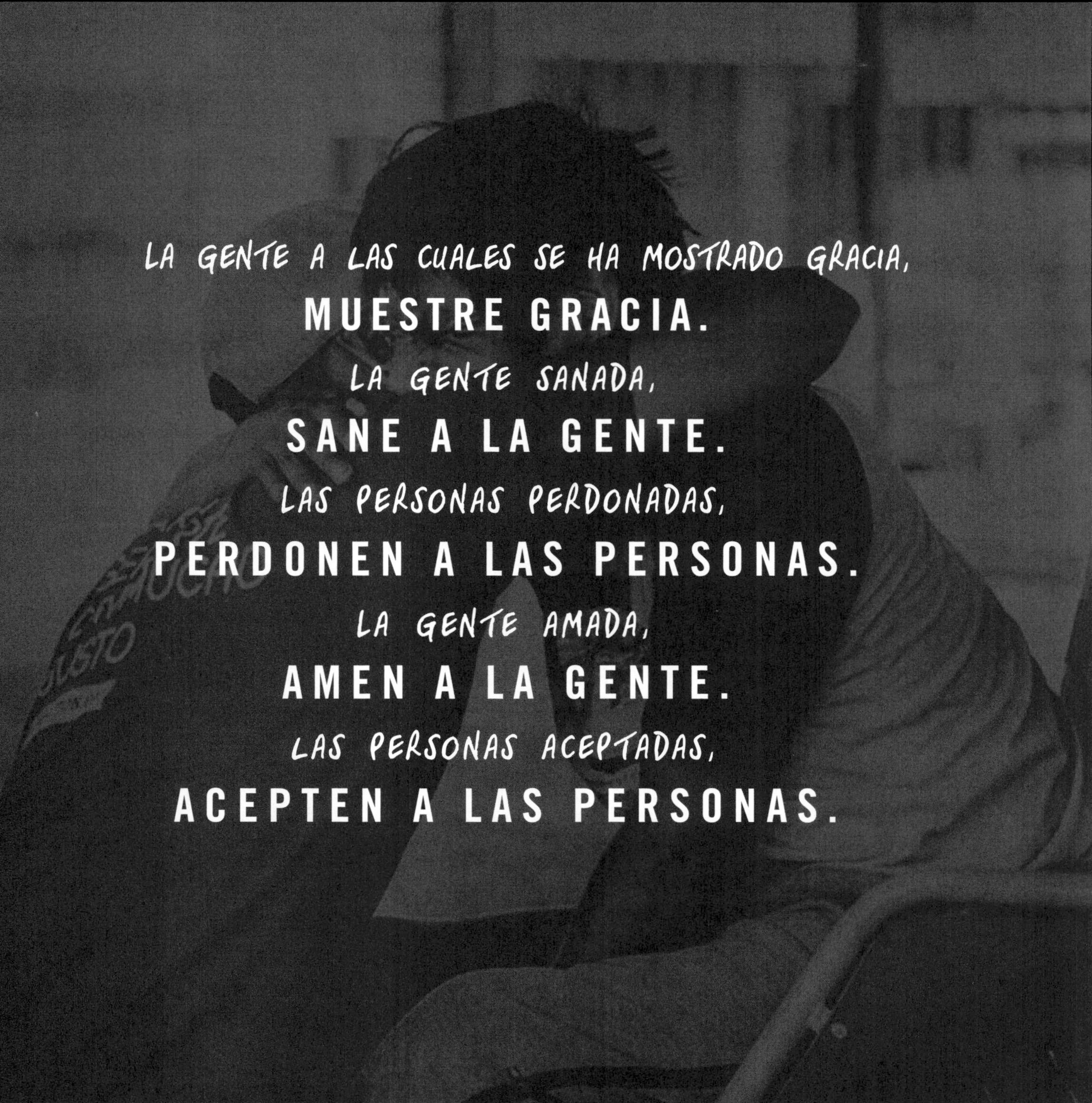

LA GENTE A LAS CUALES SE HA MOSTRADO GRACIA,

MUESTRE GRACIA.

LA GENTE SANADA,

SANE A LA GENTE.

LAS PERSONAS PERDONADAS,

PERDONEN A LAS PERSONAS.

LA GENTE AMADA,

AMEN A LA GENTE.

LAS PERSONAS ACEPTADAS,

ACEPTEN A LAS PERSONAS.

Crear y desarrollar un ministerio para servir a la comunidad es mucho más que un programa: es un llamado y un desbordamiento del amor de Dios. Si nos conectamos con el corazón de Dios, inevitablemente nos acercaremos a los rincones de nuestras comunidades y descubriremos necesidades, esperanzas y heridas que pueden haber estado ocultos por muchos años. Nuestra experiencia del incomparable amor de Dios nos permite superar nuestros temores y salir de nuestras zonas de comodidad para convertirnos en las manos, los pies y la voz de Jesús.

CAMBIANDO LA CULTURA

UNA CULTURA DE COMPASIÓN

Una cultura de compasión comienza con una convicción de quebrantamiento. No puedo ser el líder que Dios me ha llamado a ser, a menos que me sorprenda de que el Creador del universo se haya negado lo suficiente como para venir a nuestro vecindario a amar, servir y entregarse hasta el punto de morir. Jesús se preocupó por "el menor de ellos", gente como yo. Si tengo la más mínima idea de su amor sacrificial por mí y por todo el mundo, me apasionará cuidar de las personas que él ama... que es cada persona en el planeta.

No conozco muchos (en realidad, no conozco a ninguno) pastores a quienes no les importan los perdidos y los más pequeños en sus comunidades. ¡Les importa, o no se habrían convertido en pastores! Pero tampoco conozco a muchos que no se estén ahogando en un millón de cosas que hacer. Están ocupados, están estresados y no buscan otra prioridad para agregar a su lista de tareas pendientes. En el ministerio, siempre hay tensión entre la administración y el pastoreo de personas, entre hacer que las cosas funcionen de manera eficiente e intencionalmente meterse en

> **LA GRACIA DESTRUYE Y HUMILLA NUESTRO SENTIDO DE SUPERIORIDAD.**

el caos de la vida de las personas. Como dijo un pastor, el evangelio no es solo el requisito mínimo para que las personas vayan al cielo cuando mueran. El evangelio es el poder de Dios para transformarnos desde adentro hacia afuera, cambiando nuestros valores, nuestras metas, nuestros motivos y nuestras relaciones. Nos damos cuenta de que todos estamos igualmente perdidos, sin esperanza y sin ayuda, sin Cristo, y todos somos igualmente amados, perdonados y aceptados en él. La gracia destruye y humilla nuestro sentido de superioridad, y otorga una magnífica dignidad a aquellos que se han sentido inferiores.

Cada iglesia (y cada otro grupo de personas) tiene una cultura identificable que consiste en el lenguaje, los valores, las prioridades, las formas en que se relacionan, lo que celebran y lo que les hace sentir dolor. La existencia de una cultura no significa necesariamente que sea buena. Muchas organizaciones tienen culturas tóxicas o degradantes. Los líderes dan forma a la cultura, por lo que nuestra tarea es verter la gracia y la compasión de Dios en la vida de nuestra gente para que el alcance en la comunidad se convierta en algo normal.

Las iglesias nuevas y las iglesias pequeñas tienen la ventaja de crear su cultura porque no tienen un gran barco que girar y no tienen muchas personas que se resistan al cambio. En estas iglesias, el pastor tiene la oportunidad de establecer la cultura de cuidado desde el principio, incluso antes de que las puertas se abran por primera vez. Las iglesias

> **"**
> **NUESTRA TAREA ES VERTER LA GRACIA Y LA COMPASIÓN DE DIOS EN LA VIDA DE NUESTRA GENTE.**
> **"**

establecidas tienen un trabajo más difícil. Cuando una cultura ya está establecida y se ha hecho rutinaria, una nueva inyección de entusiasmo y activismo casi siempre encuentra una respuesta mixta: ialgunos están emocionados, y otros piensan que te has vuelto loco! Dar la vuelta a la nave es ciertamente posible, pero requiere una combinación de diplomacia y tenacidad. Las iglesias moribundas han perdido su corazón por el alcance a los demás. Necesitan una resurrección, una completa re-fabricación de sus valores, prioridades y actividades.

El cambio siempre implica la toma de decisiones difíciles. En las iglesias establecidas, los pastores que desean cambiar la cultura necesitan decidir a quiénes van a hacer sentir incómodos, porque es inevitable que algunos lo hagan. Muy a menudo, los jóvenes (aquellos que no ofrendan mucho) están entusiasmados con el cuidado de los desfavorecidos, y las personas mayores (cuyos diezmos son la base del presupuesto) son los más resistentes. Los pastores valientes perderán algunas personas y atraerán a otras. El cambio, entonces, es una amenaza colosal, así como una oportunidad maravillosa.

Si confías en que Dios te usará para transformar una cultura pasiva en una cultura de alcance, prepárate para que surjan muchos temores y se expresen machas falsas suposiciones. Cuando hablas de cuidar a los pobres, personas sin hogar, adictos y emigrantes, mucha de la gente insistirá en que ya son

CUANDO LA GENTE SE CONECTA CON LA COMPASIÍON DE CRISTO, LA CULTURA CAMBIARÁ.

generosos porque le dan dinero a la iglesia u organizaciones sin fines de lucro; pero no desean hablar con esas personas a las que ayudan con su dinero y no pueden imaginar hacerse amigos de ellos. Piensan que estás hablando de entrar a los territorios de las pandillas donde serán atrapados en medio de un tiroteo o de un negocio de drogas, o quieres que se conviertan en predicadores callejeros gritándoles a las personas que van a ir al infierno. Así que uno de las principales tareas de un líder comprometido con el cambio cultural es dibujar una imagen realista, honesta y atractiva de cómo se ve la participación en la comunidad. Como ya he dicho, ya tienes personas que están involucradas en el alcance por su propia cuenta. Muéstreles estas personas a la congregación y deja que sus historias sean un ejemplo para todos los que tienen suposiciones erróneas y negativas. Pueden descubrir que algunos de sus amigos han estado ayudando a personas desfavorecidas durante años.

Muchos líderes de iglesias y negocios dicen que cambiar la cultura de una organización es muy difícil. Eso puede ser cierto, pero aquellos que afirman seguir al Dios de la gracia deben mover el cielo y la tierra para alinear la cultura de su iglesia con el corazón de Dios. A medida que más personas en nuestras iglesias estén conectadas con la compasión de Jesús, la cultura cambiará gradualmente (o quizás radicalmente). La mayoría estará emocionada y desafiada a medida que tratan de ayudar a las personas que a menudo pasamos por alto. Algunos se sentirán confundidos porque este tipo de alcance no es en absoluto su experiencia anterior de la iglesia, y algunos, ojalá solo unos pocos, pensarán que hemos perdido nuestra mente. Pero, aun así, estamos en buena compañía. La gente acusaba a Jesús de estar loco y poseído por demonios, y se preguntaban si los primeros cristianos en verdad podrían ser tan amables y generosos. Sí, podrían y lo fueron... pero solo porque estaban conectados al corazón de Dios.

MATEO 25: 34-40

"Entonces dirá el Rey a los que estén a su derecha: "Vengan ustedes, a quienes mi Padre ha bendecido; reciban su herencia, el reino preparado para ustedes desde la creación del mundo. Porque tuve hambre, y ustedes me dieron de comer; tuve sed, y me dieron de beber; fui forastero, y me dieron alojamiento; necesité ropa, y me vistieron; estuve enfermo, y me atendieron; estuve en la cárcel, y me visitaron".

Y le contestarán los justos: "Señor, ¿cuándo te vimos hambriento y te alimentamos, o sediento y te dimos de beber? ¿Cuándo te vimos como forastero y te dimos alojamiento, o necesitado de ropa y te vestimos? ¿Cuándo te vimos enfermo o en la cárcel y te visitamos?"

El Rey les responderá: "Les aseguro que todo lo que hicieron por uno de mis hermanos, aun por el más pequeño, lo hicieron por mí".

PIENSE
EN ESTO:

1

¿Cuáles son las tentaciones de crear iglesias de acuerdo con las preferencias de los ricos y los poderosos?

....
....
....
....
....
....
....

2

¿De qué manera nuestra experiencia de la gracia de Dios revierte los valores del mundo?

....
....
....
....
....
....
....

3

¿Cuáles son algunas
de las señales de que
nuestros corazones
han sido fundidos
y moldeados por
una experiencia
transformadora de la
gracia de Dios?

....
....
....
....
....
....
....
....
....

....
....

4

¿Qué te sorprende
acerca de las
interacciones de Jesús
con los marginados y los
mal portados?

....
....
....
....
....
....

5

¿Qué significa lo siguiente: "La gente a las cuales se le ha mostrado gracia, muestre gracia"?

....

....

....

....

....

....

....

....

....

6

¿Qué se necesitaría para "mover el cielo y la tierra" y así lograr alinear la cultura de tu iglesia con el corazón de Dios?

....

....

....

....

....

....

....

....

....

Creo que cada ciudad tiene una llave para entrar a ella. Si puede encontrar la llave de su ciudad, entonces puede desbloquear la oportunidad de alcanzarlos con el amor de Jesús.

PASTOR MARC ESTES
City Bible Church, Portland, Oregon

DESCIFRANDO EL CÓDIGO

Esto tal vez dice más acerca de mí de lo que quiero que la gente sepa, pero siempre me he sentido fascinado con los que roban cajas fuertes. (Las películas "Un trabajo en Italia" y "La gran estafa".) Esta es, creo, la metáfora perfecta para describir cómo descubrimos la manera de relacionarnos con nuestras comunidades. Abrir "la caja fuerte" de nuestras comunidades requiere que escuchemos con atención, tengamos un toque delicado y nos mantengamos decididos. Aunque la puerta no se abra por un tiempo, si somos persistentes, tarde o temprano descifraremos el código.

¿Cómo sucede esto? En realidad, no es tan difícil. Desciframos el código en nuestras comunidades al tener conversaciones intencionales (y a veces espontáneas) y escuchando muy cuidadosamente. En la mayoría de los casos, las personas que ya están en nuestras iglesias conocen el código. No nos han dicho solo porque no se lo hemos pedido. Necesitamos orar y pedirle a Dios que nos guíe a personas que tienen ideas y experiencias con personas necesitadas. Estarán encantados de decirnos todo lo que necesitamos saber.

Cuando Dios comenzaba a darme una visión para ayudar a nuestra comunidad, le pedí que trajera personas a mi vida que pudieran ayudarme. Me encontré con una enfermera que trabajaba en la sala de emergencia y le pedí que me dijera qué experimentan los pacientes y sus familias cuando entran por las puertas de urgencias. Ella me contó sobre la incertidumbre y el miedo que todos sufren cuando los médicos, enfermeras y técnicos entran en acción para salvar una vida. Esta conversación me abrió los ojos al trauma que la gente experimenta todos los días en las salas de emergencias y descubrimos formas de consolarlos.

Cierto día almorcé con un oficial que trabajaba con presos que estaban en libertad condicional. Él y su familia eran nuevos en nuestra iglesia y yo estaba empezando a conocerlo. Sin embargo, después de solo unos minutos, me di cuenta de que esto era mucho más que una conversación para conocernos y darle la bienvenida a nuestra iglesia. ¡Fue otra respuesta a mis oraciones! Mientras hablaba, vi cosas que nunca había visto antes. Estoy seguro de que había pensado que los presos recién liberados necesitaban tiempo para adaptarse, pero no tenía idea de la profundidad y complejidad de los cambios necesarios para ellos y sus familias.

Al instante, me di cuenta de que este hombre se reunía con personas que vivían al borde del desastre todos los días, y sus problemas se extendían a sus familias. La vida del oficial de libertad condicional estaba íntimamente entretejida con las necesidades profundas, apremiantes y agonizantes de los ex convictos y de quienes los aman. Él conocía sus penas, sus desventajas, sus tentaciones, sus luchas financieras y relacionales, su ira y desesperanza, sus deseos y sueños. En un momento dado, se le iluminaron los ojos y dijo: "Lo que más me emociona es cuando veo a personas en libertad condicional, personas con

ESTA CONVERSACIÓN ME ABRIO LOS OJOS AL TRAUMA QUE LA GENTE EXPERIMENTA TODOS LOS DÍAS.

un futuro incierto, tomando buenas decisiones, comenzando a caminar con esperanza y éxito, y reconciliándose con las personas que ellos aman". Apenas terminó su frase, y le pregunté: "¿Puedo ayudar en algo?"

APENAS TERMINÓ SU FRASE, Y LE PREGUNTÉ "¿PUEDO AYUDAR EN ALGO?"

Pero él no había terminado allí. Me dijo que lo más desalentador de su trabajo es ver reincidentes, personas a las que se les ha dado la oportunidad de caminar en la luz, pero vuelven al lado oscuro. De nuevo, pregunté: "¿Qué podemos hacer para ayudarte con estas personas?"

Parecía un poco sorprendido de que yo estuviera tan ansioso por unirme a él en su trabajo. Sacó una hoja de papel y comenzó a escribir una lista de cosas que podíamos hacer. Él dijo: "Aquí está lo más importante que puedes hacer: podrías asociarte con los capellanes en las instalaciones correccionales para proporcionar recursos y conexiones a las personas que están saliendo de la prisión. Podrías hacer su transición mucho más fácil y mejor".

Por supuesto, antes de esta conversación yo ya sabía que las prisiones existían y la gente eventualmente salía, pero sus vidas y situaciones no estaban en mi radar... hasta que almorcé con un hombre que era nuevo en nuestra iglesia y que estaba vitalmente conectado con estos individuos y sus familias. Me dio los nombres de los capellanes en las cárceles y me presentó a los líderes de organizaciones sin fines de lucro que ofrecen capacitación laboral. Él me enseñó casas intermedias y centros de rehabilitación de drogas. Comenzamos a desarrollar relaciones con organizaciones que podían proporcionar ropa, alojamiento, asesoramiento profesional y conexiones con empleadores que estaban dispuestos a arriesgarse a contratar ex convictos. Estábamos dispuestos a ayudar de cualquier manera que pudiéramos. Una de las organizaciones preguntó si podíamos organizar una fiesta de Navidad para los ex convictos y sus familias. Después de años en prisión, casi habían olvidado cómo celebrar. Esta red de relaciones condujo a uno de los ministerios más significativos y efectivos de nuestra iglesia.

No puedo decir que fue mi brillante e investigadora mente la que descifró el código en esta conversación. Solo pregunté: "¿Qué haces para ganarte la vida?" Cuando respondió que era un oficial de libertad condicional, le dije: "Háblame de eso". (Bastante profundo, ¿no cree?)

La epidemia de drogas es especialmente paralizante en la vida de quienes las venden y las usan. A medida que nos involucrábamos más con ex reclusos y sus familias, nos dimos cuenta de que teníamos que proporcionar algo para ayudarlos a salir de las arenas movedizas del abuso de las drogas y la adicción. Encontramos personas con las habilidades, la experiencia y la pasión para llevar a cabo una reunión para alcohólicos y drogadictos, y ese ministerio continúa cambiando vidas hasta el día de hoy. La necesidad de enfrentar el problema de las drogas era un aspecto más de ayudar a esta parte de nuestra comunidad.

ESTA RED DE RELACIONES CONDUJO A UNO DE LOS MINISTERIOS MÁS SIGNIFICATIVOS Y EFECTIVOS DE NUESTRA IGLESIA.

Otro pastor tuvo una conversación sorpresivamente similar que descifró el código. Mis queridos amigos John y Leslie Siebeling son pastores de "The Life Church" en Memphis. En una conversación informal con un maestro descubrieron que muchos niños tienen muy poco para comer después de salir de la escuela los viernes por la tarde, por lo que pasan el fin de semana con hambre. A los pastores y a esta maestra se les ocurrió la idea de "Compañeros de mochila", que consistía en bolsas llenas de suficiente comida para el fin de semana. Mientras proveían a estos niños, más maestros dijeron: "Nuestros estudiantes también están pasando hambre". Ahora, The Life Church y otras iglesias ofrecen comidas a niños de otras escuelas de Memphis, y su ejemplo ha inspirado a iglesias de otras comunidades a proporcionar comida para los niños durante los fines de semana.

> **" TARDE O TEMPRANO...LA CAJA FUERTE SE ABRIRÁ AL TESORO DE LOS CORAZONES DE LAS PERSONAS. "**

Cuando se descifra el código de una caja fuerte (eso he oído), uno gira suavemente el dial hasta que siente un clic. Ese es el primer número. Luego, gira hacia el otro lado, suavemente, cuidadosamente, silenciosamente, hasta sentir otro clic. Ese es el próximo número. Siga haciendo esto hasta que tenga suficientes números para abrir la caja fuerte. Esto significa que una sola conversación puede no brindarle la combinación completa para desbloquear las necesidades en su comunidad, pero es parte del código. Tarde o temprano, tendrá todos los números que necesita, y la caja fuerte se abrirá al tesoro de los corazones de las personas.

MANTÉNGATE EN ORACIÓN Y DISMINUYA LA VELOCIDAD

DURANTE EL ANÁLISIS

Durante el análisis de nuestras comunidades, permanecemos conectados al corazón de Dios mediante la oración; y mientras oramos, observamos y escuchamos. Cuando vemos las noticias locales y vemos a una familia acurrucada en la calle bajo una manta mientras su casa rodante se incendia, no nos limitamos a cambiar al canal y olvidarnos de esa gente. Hacemos una llamada (o varias llamadas, si eso es lo que se necesita) y preguntamos dónde se van a quedar esas personas esa noche, qué útiles escolares necesitan sus hijos, y qué necesitan para sobrevivir el día, la semana y el mes siguiente, antes de que encuentren un lugar permanente para vivir. Ciertamente no podemos solucionar todos los problemas que vemos en la televisión, pero podemos pedirle a Dios que nos guíe para que cuidemos al menos a algunas personas y familias.

Si prestamos atención a las noticias locales y escuchamos conversaciones en la cafetería, pondremos caras y voces a las estadísticas sobre el abuso de drogas, la violencia doméstica, los desastres naturales, las cifras de encarcelamiento, la atención médica inadecuada, las necesidades de los ancianos, la falta de vivienda entre otras cosas. Creo que estamos tan inundados de imágenes y datos que simplemente no podemos asimilarlo todo. Como modo instintivo de autoprotección, nos volvemos insensibles a las tragedias que vemos y escuchamos todos los días. Entiendo el problema de la sobrecarga, pero tenemos que confiar en que Jesús nos dé sus ojos para ver y su corazón para cuidar a las personas necesitadas.

> **ROMPER EL CÓDIGO COMIENZA CON ORACIÓN, Y CONTINÚA CON ORACIÓN.**

Romper el código comienza con oración, y continúa con oración. Necesitamos que Dios nos recuerde la gracia que se ha vertido en nuestras vidas, y necesitamos que nos dé instrucciones para que podamos canalizar su amor y recursos hacia donde él quiere que vayamos. Nuestra gente también

> **"SI ESTOY PREOCUPADO CON "TODAS LAS COSAS BUENAS QUE ESTOY HACIENDO PARA DIOS", NO VERÉ ESOS PRECIOSOS MOMENTOS EN LOS QUE UNA SONRISA SIGNIFICA MUCHO."**

necesita nuestro ejemplo de oración. Ellos confían en nosotros para proveerles liderazgo y dirección administrativa al conectarnos con nuestras comunidades; pero también necesitan saber que dependemos continuamente de Dios para todo lo que hacemos.

Recientemente, me di cuenta de que me le estaba adelantando a Dios, así que oré: "Señor, ayúdame a reducir la velocidad y no moverme tan rápido". Me había vuelto tan ocupado que estaba perdiendo mi sensibilidad hacia Dios y la conciencia de las necesidades de las personas. A lo largo de mi día, tengo la oportunidad de ser amable con las personas que necesitan el toque del amor de Dios. Si estoy preocupado con "todas las cosas buenas que estoy haciendo para Dios", no veré esos preciosos momentos en los que una sonrisa, una palabra afirmativa o un simple acto de bondad significa mucho. Me he dado cuenta de que cuando tengo mucha prisa, la gente no me habla de sus esperanzas, temores, tristezas y alegrías. Sin embargo, cuando estoy más relajado, confiando en Dios para cumplir todo lo que él me ha llamado a ser y hacer, estoy presente con las personas que veo todo el día. Esto es importante para mí, para ellos, y para Dios. Inmediatamente después de pedirle a Dios que me ayudara a reducir la velocidad, tuve una conversación informal con una dama en una cafetería. Supongo que sintió que soy una persona segura en quien podía confiar, porque comenzó a hablarme sobre su hijo, que es adicto a la heroína y está destruyendo su propia vida y la de sus seres queridos. Su corazón se quebrantó cuando me contó la historia, y yo también me quebranté con ella. Disminuir la velocidad me dio la oportunidad de escuchar, cuidar y ayudar a alguien que lo necesitaba.

MANOS EN EL DIAL

PARA DESCIFRAR EL CÓDIGO

Para descifrar el código de nuestras comunidades, tenemos que poner nuestras manos en el dial y comenzar a girarlo para detectar cuando haga clic en cada número.

PERMÍTAME SUGERIR ESTOS CINCO PASOS ESPECÍ OS QUE PUEDES TOMAR.

 1 PARTICIPE EN EL PROCESO DE DESCUBRIMIENTO.

Explore los datos demográficos para obtener una idea general de quién vive a su alrededor. La Oficina del Censo es un buen recurso. Busque ayuda en otras organizaciones que puedan tener información vital que necesita.

Programe citas para almorzar o tomar un café con al menos algunas de estas personas:

- Un consejero en una escuela
- Una enfermera de una sala de emergencias
- Un oficial de policía, o aun mejor, el capitán
- Alguien que trabaja en servicios para niños
- El administrador de la ciudad
- Un consejero de adicciones
- Un bombero
- Un trabajador social
- Un activista de la comunidad
- Agencias que abogan por los ancianos o aquellos con discapacidades
- Otros pastores y líderes de iglesias que están sirviendo a personas en la comunidad.

Es probable que algunas de estas personas sean hombres y mujeres de fe, y algunos incluso, pueden estar asistiendo a tu iglesia. Se puede obtener una gran cantidad de información en solo una llamada telefónica o sobre una taza de café. Tome tiempo para reunirte con estas personas. Haga preguntas simples, pero directas sobre lo que ven que son las necesidades más importantes de la comunidad. Ellos conocen a las personas y eso

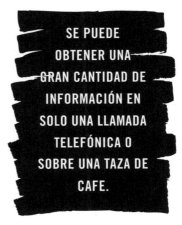

es una rica fuente de información. Escuche atentamente, haga preguntas de seguimiento para obtener más detalles y escribas lo que escuchas. Hágales saber que los toma en serio.

Luego, reúnete con líderes de fundaciones y organizaciones que ya sirven a la comunidad. Póngase en contacto con los que dirigen refugios para desamparados, despensas de alimentos, la Cruz Roja, el Ejército de Salvación, los centros para ayuda a mujeres embarazadas, centros de salud mental, hospicios, centros de tratamiento de adicciones, organizaciones que ayudan a las mujeres (y a veces a los hombres) que son víctimas de violencia doméstica y centros de consejería. Pregúnteles cuales necesidades están supliendo y pregunte cómo usted y tu iglesia podrían asociarse con ellos. Muy a menudo, las personas en nuestras iglesias sirven como miembros del personal o voluntarios en estas organizaciones, por lo que ya tenemos una puerta abierta.

Desarrolle sus propias preguntas para tu entrevista con estas personas. Algunas de las preguntas que uso a menudo son obvias, pero reveladoras:

— CUÉNTEME SOBRE TU TRABAJO. ¿CÓMO SE HACE UNA DIFERENCIA EN LAS VIDAS DE LAS PERSONAS?
— CUÁLES SON TUS MAYORES RETOS?
— ¿CÓMO ESTÁS ENFRENTANDO ESOS DESAFÍOS AHORA?
— ¿CÓMO PODEMOS PARTICIPAR CONTIGO?

Un análisis demográfico y estas conversaciones pueden tomar algunas semanas, o hasta algunos meses. Sea diligente, pero no apresures el proceso. Espere que Dios traiga algunas necesidades específicas a la superficie. Es casi seguro que encontrarás más necesidades de las que tu iglesia posiblemente pueda cumplir, por lo que necesitarás sabiduría para saber dónde enfocar tu tiempo y tus recursos. Forme un equipo y confíe en ellos. Permita que las personas apasionadas, capacitadas y dispuestas a liderar te ayuden a determinar dónde debe enfocarte.

(2) LLAME A UN AMIGO

Durante todo el proceso de descubrimiento, y especialmente cerca del final, cuando tus ideas empiecen a trabajar, encuentre a alguien (y tal vez más de una persona) que pueda responder preguntas, darte dirección, advertirte de errores, y ser tu amigo mientras tomas pasos hacia adelante. No solo encuentre a alguien que te diga lo que quieres escuchar. Encuentre a alguien que ha tenido experiencia en el camino, que haya cometido sus propios errores, y que puede darte sabiduría espiritual y organizacional, porque necesitas ambas. Esta persona fomentará tu visión, desafiará tus suposiciones, te obligará a

SEA DILIGENTE, PERO NO APRESURES EL PROCESO.

NO SE NECESITA REINVENTAR LA RUEDA. DIOS YA ESTÁ TRABAJANDO A TRAVÉS DE TU GENTE.

pensar con más claridad, te ayudará a planificar de manera más efectiva y celebrará tu progreso.

La mayoría de nosotros tenemos una parte justa de aprensión cuando nos lanzamos a este ministerio. Eso es completamente normal. Es verdad: cometemos errores, pero no son el fin del mundo. Cometeremos menos errores si tenemos un amigo o dos que nos den buenos consejos en el proceso de descubrimiento y planificación. Y estas personas nos ayudarán a aprender de cualquier error que cometamos.

 ## SIGA EL FAVOR DE DIOS.

Observe las puertas abiertas y el entusiasmo de tu gente mientras atraviesas por las puertas de oportunidad. ¿Dónde estás viendo una fuerte conexión entre las personas de tu iglesia y las necesidades de tu comunidad? ¿De dónde están fluyendo los recursos, o cómo puede aprovechar algunos recursos que has descubierto recientemente? Y ¿quién muestra entusiasmo inicial por este ministerio? No se necesita reinventar la rueda. Dios ya está trabajando a través de tu gente. Descubra cómo Dios los está utilizando y explore cómo puedes aportar más recursos, pasión y energía a tus esfuerzos.

Cuando los líderes de The Life Church se dieron cuenta de que cientos de niños pasaban hambre los fines de semana, se reunieron con funcionarios de la escuela para preguntarles cómo podían asociarse con la escuela para proporcionar comida a los niños. Mientras hablaban sobre tu visión, la gente de la iglesia ofrecía tiempo, recursos y talentos administrativos. Alguien quería coordinar con las administraciones en las escuelas, varios estaban entusiasmados con la preparación de las comidas, y alguien tenía acceso a un pequeño camión de reparto. Fue perfecto para llevar cientos de mochilas de comida a las escuelas los viernes por la tarde. Los líderes de The Life Church reconocieron el favor de Dios, y simplemente caminaron a través de las puertas que él estaba abriendo.

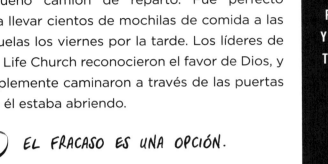

OBSERVE LAS PUERTAS ABIERTAS Y EL ENTUSIASMO DE TU GENTE MIENTRAS ATRAVIESAS POR LAS PUERTAS DE OPORTUNIDAD.

④ EL FRACASO ES UNA OPCIÓN.

Les digo a los pastores este hecho ineludible del ministerio: si realmente se dedican a ayudar a sus comunidades, se caerán de frente de vez en cuando. No defiendo los errores desastrosos como una estrategia de ministerio, pero involucrarme en las necesidades más profundas de la gente inevitablemente causa muchos errores y percances. Sin embargo, no hay duda de que los éxitos valen la pena. Solo pregúntele a un petrolero de Texas. Los petroleros pueden perforar una docena de pozos, pero si solo uno de ellos alcanza el oro negro, vale la pena. Nuestros esfuerzos para atender las necesidades de las personas que nos rodean tienen una tasa de éxito mucho mayor, pero no se desanime (o se sorprenda) si cava un hoyo seco de vez en cuando. Aprenda y continúe.

⑤ FORME ASOCIACIONES

Antes de comenzar el proceso de descubrimiento, enumere una docena o más de agencias y organizaciones que están haciendo un buen trabajo en tu comunidad.

Después de algunas semanas de reunirse con personas y hacer preguntas, es probable que esa lista se duplique o triplique. Es una búsqueda del tesoro. Si sigue cavando y buscando, encontrará personas maravillosas y de buen corazón que ya están tocando las vidas de los pobres y desfavorecidos. No creará una asociación con todos ellos, pero es aconsejable agrupar tus recursos con al menos algunos de ellos.

Muchas de estas organizaciones fueron fundadas por cristianos, algunas hace poco tiempo, pero algunas hace muchos años. Pueden o no tener exactamente la misma postura doctrinal que usted ha enumerado en tus estatutos, pero aprenda a pasar por alto las diferencias relativamente menores. Por supuesto, algunas pueden tener puntos de vista que son simplemente inaceptables para ti y tu iglesia. No dejes que eso te detenga. Simplemente sigas adelante. Pero no busques argumentos. Las iglesias pueden asociarse en amor con aquellos que tienen creencias diferentes para ayudar a las personas en tus comunidades. El hecho de que trabajen juntos no diluye lo que cada uno cree. Solo muestra a la comunidad que ayudar a los heridos es más importante que nuestras diferencias.

AYUDAR A LOS HERIDOS ES MÁS IMPORTANTE QUE NUESTRAS DIFERENCIAS.

Cuando nos asociamos con organizaciones, nos codeamos con personas de otras razas, otros países, otros idiomas y otras culturas. En estas interacciones, no vamos con un aire de superioridad de que somos los héroes que han venido a solucionar sus problemas. Todos somos creados a la imagen de Dios, y si estamos ante él es por su maravillosa gracia.

En cada etapa del desarrollo de este ministerio, aprendemos la importancia de escuchar. Fui a

ROMPER EL CÓDIGO A NUESTRAS COMUNIDADES

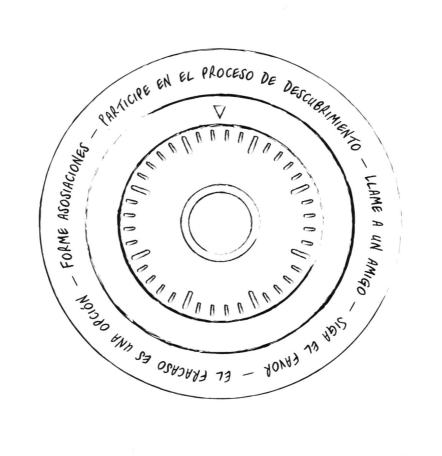

una reunión de líderes de iglesias afroamericanas en nuestra ciudad. Siendo el único blanco en la sala, decidí posicionarme y escuchar antes de elegir hablar. Llegué a aprender que esto es parte de servir las necesidades de los demás. Estar callado y escuchar fue la mejor manera de mostrar el amor de Dios. Después de eso, todos podríamos estar seguros de que estábamos en la misma página, diciéndoles a otros el mismo mensaje.

Las asociaciones pueden ser formales o informales. En algún momento, es posible que tenga una presencia en la junta de una organización local, pero al principio, proporcionar voluntarios y otros recursos es una buena participación. . . y es aceptado con gratitud.

TRES ETAPAS

TODO MINISTERIO DE ALCANCE COMPASIVO

Todo ministerio de alcance compasivo comienza en alguna parte. Toma tiempo y atención para construir un ministerio de alcance efectivo. En los próximos tres capítulos, veremos tres etapas distintas de desarrollo de este ministerio:

ETAPA 1: UN LLAMADO A TODOS

Los pastores y líderes de la iglesia brindan una oportunidad para que los miembros (enfatizo que inviten a *todos* los miembros) se arremanguen la camisa y se involucren. Este evento puede ocurrir una vez al año, o quizás una vez por trimestre. Bríndeles a todos en tu iglesia una oportunidad sencilla para explorar formas de usar sus dones para ayudar a las personas fuera de la iglesia. No importa cuán desarrollado esté el ministerio comunitario, la iglesia continúa haciendo un llamado a todos de manera regular, porque siempre hay personas nuevas en la iglesia que necesitan y quieren involucrarse.

ETAPA 2: CONEXIONES CONSISTENTES

En algún momento, los líderes descifran el código de la comunidad e invierten recursos considerables para satisfacer algunas necesidades específicas. Los voluntarios generalmente trabajan con organizaciones asociadas, o con menor frecuencia, la iglesia crea sus propias organizaciones. Los grupos pequeños comienzan a formarse en torno a la pasión de las personas para satisfacer las necesidades que ven en la comunidad.

ETAPA 3: UN SERVIR CONSTANTE

Cuando escuchamos el término "Centro de sueños", a menudo pensamos en las grandes iglesias con millones de dólares invertidos en instalaciones y personal que administran clínicas de salud, refugios para mujeres, hogares para mujeres que han escapado del tráfico de personas y otras grandes y expansivas iniciativas. Así como la iglesia no es el edificio, un Dream Center (Centro de sueños) tampoco es un edificio. Siempre se trata de personas. El objetivo de la Etapa 3 es crear una expresión organizada y estructurada de personas que ayudan a las personas, un servir constante en la comunidad. No importa cuán grande o pequeña sea tu iglesia, puedes tener un ministerio efectivo, continuo y visible que proporciona recursos en tu comunidad.

La etapa 1 comienza el proceso, pero nunca termina. La etapa 2 continúa el proceso, pero también, nunca termina; y, de hecho, la presencia de una iglesia en la comunidad puede tomar muchas formas diferentes a medida que más voluntarios y recursos se unan a bordo. La etapa 3 requiere más recursos y compromiso, y por supuesto, nunca termina.

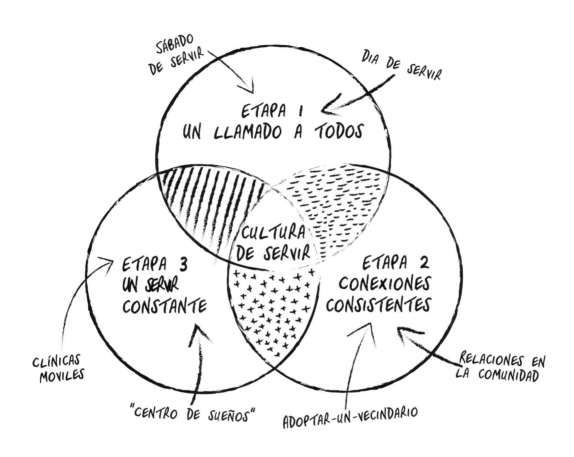

SÁBADO DE SERVIR

DIA DE SERVIR

ETAPA 1
UN LLAMADO A TODOS

CULTURA DE SERVIR

ETAPA 3
UN SERVIR CONSTANTE

ETAPA 2
CONEXIONES CONSISTENTES

CLÍNICAS MOVILES

"CENTRO DE SUEÑOS"

ADOPTAR-UN-VECINDARIO

RELACIONES EN LA COMUNIDAD

HABLAREMOS MÁS DE ESTO EN LOS SIGUIENTES CAPÍTULOS

JEREMÍAS 22: 3-5

Así dice el Señor: "Practiquen el derecho y la justicia. Libren al oprimido del poder del opresor. No maltraten ni hagan violencia al extranjero, ni al huérfano ni a la viuda, ni derramen sangre inocente en este lugar. Si de veras cumplen con esta palabra, entonces por las puertas de este palacio entrarán reyes que ocuparán el trono de David; entrarán en carros y a caballo, acompañados por sus oficiales y su pueblo. Pero, si no obedecen estas palabras, juro por mí mismo que este palacio se convertirá en un montón de ruinas. Yo, el Señor, lo afirmo".

PIENSE EN ESTO:

1

Escriba un plan inicial para el proceso de descubrimiento para ayudarte a descifrar el código de cómo servir a tu comunidad.

....

....

....

....

....

....

....

2

¿Quiénes son algunos amigos (tal vez solo uno) que pueden ayudarte a avanzar?

....

....

....

....

....

....

....

3

¿Qué podría ser una
señal de que tiene
el favor de Dios al
comenzar o expandir
este ministerio?

....

....

....

....

....

....

....

....

....

....

4

¿Qué sucede cuando los
líderes olvidan que el
fracaso es una opción?

....

....

....

....

....

....

....

....

....

....

5

¿Cuáles son algunas
organizaciones en tu
comunidad en las cuales
tienes gente ya como
voluntarios? ¿A cuáles
de esas organizaciones
admiras, ya conoces a
algunos de sus líderes,
y pueden ser una buena
opción para tu iglesia?

....

....

....

....

....

....

....

....

....

....

....

....

....

....

....

....

....

....

....

....

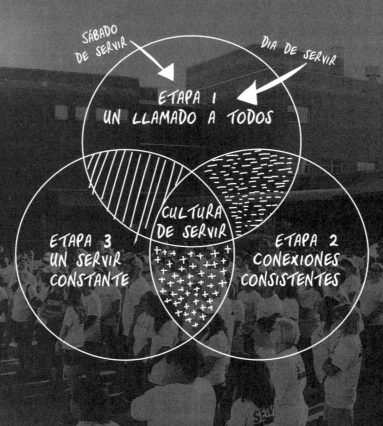

SÁBADO DE SERVIR

DÍA DE SERVIR

ETAPA 1
UN LLAMADO A TODOS

CULTURA DE SERVIR

ETAPA 3
UN SERVIR
CONSTANTE

ETAPA 2
CONEXIONES
CONSISTENTES

La estrategia de esta conspiración de bondad opera bajo la premisa de que Dios está apasionadamente enamorado de los incrédulos. Así como las semillas dinámicas de bondad se plantan en sus corazones, el Espíritu Santo los perseguirá. Somos los sembradores de esas semillas de amor. Dios es el granjero que supervisa todo el proceso.

STEVE SJOGREN
Una conspiración de bondad

CAPÍTULO TRES

ETAPA 1: UN LLAMADO A TODOS

UNA DE NUESTRAS PRIMERAS ACTIVIDADES

Una de nuestras primeras actividades para servir a nuestra comunidad fue muy simple: regalamos botellas de agua. No sé en Nueva Inglaterra o el noroeste de los Estados Unidos, pero en el sur hace calor nueve meses del año. Hace tanto calor que pensarías que podrías cortar el aire con un cuchillo. En realidad, la primeras veces regalamos latas de Coca Cola y Coca Cola de dieta, pero pronto nos dimos cuenta de que las personas sedientas preferirían beber agua fría y pura.

No pasó mucho tiempo en nuestro proceso de descubrimiento para darnos cuenta de que el agua a temperatura ambiente no era muy atractiva para las personas que estaban sudando. Horas antes de que saliéramos de la iglesia, teníamos las botellas en hielo. Si pensábamos que podíamos darlas a todos rápidamente, las sacábamos del hielo y nos conducíamos a la parte de la ciudad donde las íbamos a distribuir. Pero si íbamos lejos, o si sospechábamos que tardaría más tiempo en distribuir toda el agua, manteníamos el agua en enfriadores y los arrastrábamos a las calles. Pronto descubrimos que no todos los enfriadores son iguales: ¡los que tienen ruedas alivian mucho dolor en la espalda!

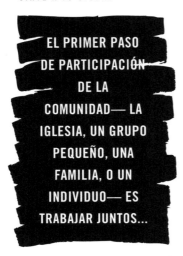

EL PRIMER PASO DE PARTICIPACIÓN DE LA COMUNIDAD— LA IGLESIA, UN GRUPO PEQUEÑO, UNA FAMILIA, O UN INDIVIDUO— ES TRABAJAR JUNTOS...

La gente apreciaba que les diéramos una bebida fría en un día caluroso, pero nos dimos cuenta de que estábamos perdiendo una oportunidad. Creamos e imprimimos tarjetas para darles a las personas. Estas incluían el nombre de nuestra iglesia, número de teléfono, sitio web y un mensaje simple: "Esperamos que este pequeño regalo ilumine tu día. Es una manera simple de decir que Dios te ama, sin ningún compromiso. Déjanos saber si te podemos ayudar en algo."

Incluso con las estrategias más simples, tuvimos que pasar por una curva de aprendizaje para hacerlo bien. Las sonrisas de aquellos que tomaron agua fría nos dijeron que estábamos en el camino correcto. Fue el comienzo de lo que ahora llamamos un día de SERVIR. Invitamos a todos en la iglesia a participar en actos de bondad, por lo que emitimos "un llamado a todos". Es así de simple y grande... y es increíblemente efectivo.

EL PRIMER PASO

EL PRIMER PASO DE COMUNIDAD

El primer paso de participación de la comunidad—la iglesia, un grupo pequeño, una familia, o un individuo—es trabajar juntos en un día designado por unas pocas horas para satisfacer necesidades específicas y tangibles. Al comienzo de la historia de nuestra iglesia, y aun hoy, les pedimos a todos en la iglesia que se reúnan en un sábado de verano. Lo llamamos "Un llamado a todos" para un "Día de SERVIR" (o a veces llamado "Día de amor a la ciudad"). En las semanas previas a esa mañana, nos contactamos con personas y organizamos recursos para algunas maneras específicas en que las personas pueden servir. Esa mañana vamos de casa en casa para visitar y orar con la gente, nos paramos en una esquina para repartir botellas de agua, cortamos el césped en las casas de las viudas, visitamos hogares de ancianos, pintamos salones de clase en escuelas locales y muchas otras tareas simples, pero significativas.

Alentamos a los grupos pequeños a participar juntos. Se conocen bien, por lo que pueden motivar a las personas a usar sus dones. Además, a menudo tienen muchos recursos para satisfacer necesidades particulares. Las iglesias que recién están empezando con grupos pequeños pueden usar el llamado a todos como catalizador para comenzar grupos. La experiencia compartida de servir les da un gran comienzo, profundiza sus relaciones y les da sentido más allá de las reuniones grupales.

LA EXPERIENCIA COMPARTIDA DE SERVIR LES DA UN GRAN COMIENZO, PROFUNDIZA SUS RELACIONES Y LES DA SENTIDO MÁS ALLÁ DE LA REUNIONES GRUPALES .

Nos aseguramos de tener opciones familiares para que los niños puedan participar. Buscamos oportunidades prácticas para que se conecten con las personas. Queremos que todos puedan mirar a los ojos de aquellos a quienes sirven. Pero esos días tienen un límite de tiempo. No esperamos que las familias con niños pequeños estén afuera todo el día.

La Navidad es otro excelente momento para "Un llamado a todos". Church of the Highlands conecta a nuestra gente con niños y familias que no tienen recursos para dar regalos en Navidad. Al igual que otras organizaciones que organizan campañas de recolección de juguetes en esta época del año, hablamos con los maestros y representantes de los servicios para niños para identificar a las familias necesitadas. Averiguamos las edades y sexo de los niños, y hacemos una lista de artículos de regalo sugeridos. Luego pedimos a nuestra gente que traiga regalos y papel de regalo a la iglesia, donde un equipo ordena todos los artículos. Creamos un "centro comercial" donde los padres pueden venir a "comprar" para sus hijos para que puedan dar regalos en la mañana de Navidad. Esto hace que los padres sean los héroes, no nosotros. Este evento brinda a cientos de personas la oportunidad de servir clasificando juguetes, mostrándolos en el "centro comercial", envolviendo regalos después de que son seleccionados, brindando hospitalidad a los padres, orando por el evento y los padres, cargando regalos en los automóviles con mucho cuidado. El día en que el "centro comercial" está abierto, nuestra gente pasa tiempo con los padres que participan. Queremos construir relaciones con ellos, no solo tener un intercambio temporal. Mientras nuestros miembros están involucrados en el evento, desde la compra de obsequios hasta la asistencia en el evento, siempre tomamos videos y fotos para capturar historias del día para que podamos compartir cómo Dios usó su generosidad y bondad.

En Austin, Texas, la Iglesia Celebración organiza un evento anual de reparación de automóviles para madres solteras, viudas y esposas de militares. Este llamado reúne a todos en tu iglesia y provee lugares para que personas de todas las edades tengan una experiencia práctica que marque la diferencia. Los equipos de hombres se encargan de los cambios de aceite y afinaciones, los equipos juveniles lavan los autos y los equipos de mujeres organizan una zona de cuidado para los invitados mientras esperan a que terminen de trabajar en sus autos. Las mujeres que son servidas ese día se sienten amadas, y todos en la iglesia se van contentos sabiendo que jugaron un papel importante y significativo.

Los pastores Joe y Danielle Peña y su equipo lanzaron Relentless Church (Iglesia Implacable) en Las Vegas a principios del 2015. El día del lanzamiento, se emocionaron que 286 personas asistieron, y celebraron aun más cuando 22 de ellos llenaron tarjetas de conexión que indicaban que habían hecho una decisión de seguir a Cristo. Durante las siguientes semanas, la asistencia se estableció en un poco más de 100, pero en Semana Santa, vieron un crecimiento lento pero constante. Luego, en junio, ARC (Asociación de Iglesia Relacionadas) invitó a Relentless Church a ser parte del día de SERVIR 2015. El pastor Joe recuerda: "La invitación de ARC a ser parte del día de SERVIR resultó ser una gran victoria para nosotros porque las personas nuevas que vinieron a Relentless Church durante ese tiempo pudieron conectarse rápidamente de una manera que se ajustaba a ellos. A muchos les encantó la idea de involucrarse en el servicio a su comunidad, así que vinieron y se conectaron de inmediato". A mediados de julio, la Iglesia Relentless promediaba casi 200. En lugar de ver un descenso en la asistencia semanal durante el verano, vieron un aumento constante. Desde el día de SERVIR 2015, su asistencia ha seguido aumentando. Su edificio les ha quedado pequeño y se han mudado a uno más grande, y han visto a cientos de personas entregar su corazón a Jesús. La gente de la iglesia está prosperando y ahora están llegando a otros de la misma manera en que las personas se acercaron a ellos.

Las victorias específicas e identificables son importantes para los "Días de SERVIR". El informe dado el próximo domingo en la iglesia puede mostrar

> **LA GENTE DE LA IGLESIA ESTÁ PROSPERANDO Y AHORA ESTÁN LLEGANDO A OTROS DE LA MISMA MANERA EN QUE LAS PERSONAS SE ACERCARON A ELLOS.**

> **POCO A POCO, POR EL IMPULSO DE TOMAR LA INICIATIVA Y EL EMPUJE DE LOS LÍDERES CÍVICOS QUE PIDEN NUESTRA AYUDA, LA VIDA DE NUESTRA IGLESIA SE ENTRELAZÓ EN LA TRAMA DE LA COMUNIDAD.**

imágenes o videos y decir cosas como: "Entregamos 3.000 botellas de agua. Cortamos césped y podamos arbustos en 12 patios para personas mayores. Cantamos y hablamos con 73 personas en un asilo de ancianos. Servimos 225 comidas para personas que estaban reconstruyendo sus casas. Vimos sonrisas en 42 niños con necesidades especiales. Conocimos a la señora Bertha, a Gregory, Quinton y Richard, cuyas vidas cambiaron para siempre. Estamos contentos de que Dios nos usó para alcanzar a tanta gente!".

Si la iglesia tiene un énfasis en grupos pequeños, organice los días de SERVIR para que haya participación del grupo. Coordine con los líderes del grupo para asignar tareas, déjelos elegir de una lista de opciones o déjelos crear su propia oportunidad de SERVIR. Puedes pedirles que proporcionen los recursos necesarios para completar la tarea, o la iglesia puede proporcionarlos. La participación de los grupos fortalece sus relaciones y les da una memoria compartida. Sacarlos de la sala para sudar o cantar juntos a menudo fomenta un nivel más profundo de confianza y apertura entre ellos.

Cuando una iglesia desarrolla una reputación de combinar compasión y creatividad, a veces los recursos inesperados simplemente aparecen en la puerta. Alguien una vez donó una gran cantidad de trampas para ratas, así que tuvimos un día espontáneo de SERVIR para ir por los barrios de casas móviles y otros vecindarios para tocar puertas y ofrecer trampas para ratas. La oferta sorprendió a la gente y le garantizo esto: ¡nunca olvidaron ese momento! Hemos tenido varios camiones estacionados frente a nuestra iglesia con todo tipo de cosas: plátanos, verduras, lencería y batas para dormir. [1] Cuando dijimos "sí" a las oportunidades que Dios envió a nuestro camino, tan extraño como pudo haber sido, los líderes comunitarios comenzaron a vernos como un recurso y comenzaron a llamarnos para ayudarnos con eventos en la ciudad.

EL TAMAÑO DE TU IGLESIA NO DETERMINA SI TIENES UN DÍA DE UN "LLAMADO A TODOS"

Poco a poco, por el impulso de tomar la iniciativa y el empuje de los líderes cívicos que piden nuestra ayuda, la vida de nuestra iglesia se entrelazó en la trama de la comunidad.

El alivio de desastres siempre es un llamado a todos, pero no ocurre solo durante unas pocas horas en un sábado. Después de una inundación devastadora, un tornado, un terremoto o un fuego, la comunidad necesita ayuda durante semanas y tal vez incluso meses. En este caso, se anima a todos a participar, pero el esfuerzo requiere mucha más organización, tiempo, habilidades, capacitación, planificación y recursos.

PRUEBES ESTO ▰▬▬

EL TAMAÑO DE TU IGLESIA

El tamaño de tu iglesia no determina si tienes un día de un llamado a todos para SERVIR o no, pero si determina el abarque de las actividades. Incluso, antes de que la iglesia comience oficialmente, el equipo de lanzamiento puede comenzar a establecer una reputación en la comunidad teniendo un día de SERVIR y ayudar a la gente, de buena gana, efectivamente y sin ningún compromiso. ¡La gente lo notará!

---

1 Puede leer más acerca de esto en el libro *Servolución*

EL PROCESO DE PLANÍFÍCACÍÓN ES MUY SÍMPLE:

1. Identifique algunas (quizás tres o cinco) necesidades en la comunidad. Ya le he dado algunos ejemplos de cosas que hemos hecho, pero es posible que tenga mejores ideas sobre cómo involucrar a las familias para satisfacer necesidades específicas. Estas tareas pueden surgir de conversaciones con líderes de la comunidad, o las personas en tu iglesia pueden tener conexiones con personas necesitadas y contarte sobre ellas.

2. Seleccione el día que sea más conveniente, probablemente con un mes de adelantado.

3. Dedique algunas semanas para identificar a los líderes de cada tarea (en una iglesia pequeña puede tener solo una tarea, así que usted puede ser el líder), reuniendo recursos, y conectando a los líderes con una persona de contacto en la localidad donde van a SERVIR. Si tu iglesia tiene grupos pequeños, van a servir juntos, pero siempre hay personas que no forman parte de grupos que desean participar, por lo que debe planear oportunidades para que también se les incluya en el servicio

4. En la mañana del día de SERVIR, reúna a todos aproximadamente a las 8:00 de la mañana. Puede servir un desayuno rápido. Deles algunas ideas sobre cómo conectarse con las personas y vivir de acuerdo con la Regla de Oro. Explique el idioma de servir.

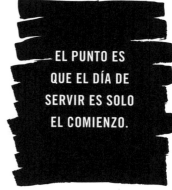

EL PUNTO ES QUE EL DÍA DE SERVIR ES SOLO EL COMIENZO.

Por ejemplo, no forzamos nuestras creencias en las personas y ni siquier a anunciamos a nuestra iglesia. Estamos allí para amar y servir. Si surgen conversaciones espirituales, asegúrese de que esas conversaciones sean relajadas y deseadas por las personas. Inspire a su gente con la visión de que sus esfuerzos de ese día indudablemente animarán a aquellos a quienes sirven, y que podrían marcar una diferencia eterna en las vidas de algunos que conocen. Ore por ellos y envíelos. Por lo general, invitamos a la gente a volver y almorzar con nosotros después de servir.

5. Durante el almuerzo, agradezca a todos por servir, y pídales que compartan cómo Dios los usó ese día. Puede entrevistar a algunas personas, preferiblemente un grupo diverso de personas que puedan hablar de su experiencia esa mañana. Sus historias resonarán con todos. Agradézcales por representar a Cristo en su comunidad y despídalos con la promesa de que les dará otra oportunidad para un día de SERVIR en el futuro. Siempre proporcionamos información sobre las formas en que pueden servir todos los días, no solo el día de SERVIR. Explicamos que pueden servir informalmente a través de actos personales de bondad, unirse a un equipo de alcance, comenzar un grupo pequeño enfocado en obras de alcances, o trabajar con una organización asociada. El punto es que el día de SERVIR es solo el comienzo.

IDEAS DE PROYECTOS

LA LISTA DE POSIBILIDADES

La lista de posibilidades para días de SERVIR puede ser ilimitada. Para estimular su creatividad e imaginación, mire esta lista que hemos publicado en nuestro sitio web ServeDay.com.

Primero, hacemos algunas preguntas importantes:

— ¿QUIÉN TIENE UNA NECESIDAD EN SU VENCINDARIO? ¿QUÉ ASPECTO DE TU CORAZÓN NECESITA UN EMPUJE?

— ¿QUÉ EMPRESA U ORGANIZACIÓN DENTRO DE TU CÍRCULO DE INFLUENCIA PODRÍA BENEFICIAR DE UNA BENDICIÓN?

— ¿QUÉ TIPOS DE PROYECTOS SE ADAPTAN MEJOR A LAS EDADES Y HABILIDADES DE SU GRUPO? (ORACIÓN, ADORACIÓN, ENSEÑANZA, TRABAJO FÍSICO, ETC.)

Hemos compilado algunas ideas para comenzar:

Ideas generales

- Organice una venta de garaje gratis
- Traiga almuerzos gratis para los trabajadores de construcción y el personal de servicio a la comunidad en tu área
- Distribuya chicles gratis en un parque local
- Limpie el jardín de una viuda o madre soltera
- Proporcione crema de protección contra el sol gratis en un parque de la ciudad
- Distribuya agua embotellada gratis
- Planee un "Celebración de retorno a la escuela" para niños en hogares de crianza. Tenga comida gratis, juegos y una mochila / obsequio escolar
- Ofrezca donas y café gratis en la estación de autobuses o en un centro comercial
- Organice un lavado de autos gratis
- Proporcione reparaciones menores para ancianos, viudas y madres solteras
- Que los niños tengan un puesto de limonada gratis

Hogares de ancianos

- Ofrezca flores frescas a los residentes
- Organice un servicio de adoración en un asilo de ancianos (ofrezca servicio de adoración, devocionales, oración y compañerismo)
- Organice una "Fiesta de graduación" completa con música en vivo, comida y decoraciones
- Hagan un jardín de flores y área de descanso para residentes
- Limpie las ventanas de las habitaciones de los residentes por dentro y por fuera
- Construyan comederos para pájaros y colóquelos afuera de las ventanas de las habitaciones de los residentes
- Haga que los niños hagan artesanías (collares, cruces de madera) para darlos a los residentes
- Distribuya bocadillos sin azúcar gratis para residentes y empleados (consulte con el personal sobre restricciones alimenticias)
- Organice un concurso de arte y exhiba pinturas de los residentes (y quizás prepare una subasta para venderlas)
- Organice una fiesta de té
- Ayude a los residentes a completar paquetes de cuidado para niños de crianza. Esto les da un renovado sentido de propósito

- Ayude a los residentes a vestirse y traer a un fotógrafo profesional para que haga retratos

Universidad

- Sirvan bebidas o refrigerios gratis en el equipo deportivo y prácticas de la banda
- Regalen lápices o bebidas energéticas a los estudiantes
- Organicen un picnic gratis en el patio universitario
- Regalen donas y café en el patio universitario
- Ayuden a los estudiantes de primer año a mudarse a los dormitorios (Cestas de bienvenida, kits de cuidado personal, etc.)

Personas con necesidades especiales / hogares juveniles

- Identifique a una familia con un niño con necesidades especiales y ofrezca a la familia un día para mamá y papá
- Adopte un grupo del hogar por un día y organice una fiesta para los residentes
- Construya una rampa para alguien que use una silla de ruedas
- Organice un día de campo para un hogar de un grupo de jóvenes
- Organice un "día de diversión" para padres de crianza temporal
- Hagan una remodelación de la casa o de una habitación

Alcance en las calles

- Sirvan comidas calientes para personas sin hogar en su comunidad
- Organice una caminata comunitaria de oración y limpieza de basura
- Organice una fiesta en la vecindad con comida gratis, juegos, música, etc. para familias
- Restauren un patio de recreo deteriorado o parque en el área
- Regalen bolsas de comida puerta a puerta
- Tengan un día de "Corte de césped gratis"
- Preparen y distribuyan paquetes de higiene personal
- Caminen alrededor y repartan donas gratis

Hospitales

- Sirvan café gratis, bebidas y bocadillos para el personal y los que esperan en la sala de emergencias
- Ofrezca meriendas saludables y mantas pequeñas a los pacientes de quimioterapia
- Entregue pequeños obsequios a los pacientes y las familias en la sala de niños (juguetes, globos, calcomanías, paquetes de cuidado personal, etc.)
- Oren con los pacientes y personas en las salas de espera de emergencia

Empresas / Organizaciones de servicios / Personal de Servicio público

- Lave las ventanas
- Recoja la basura en los estacionamientos
- Agrupe los carros de compras a los espacios designados
- Cocine para la policía local o estación de bomberos[2]

En nuestra experiencia, algunas de los mayores éxitos que hemos tenido incluyen:

- **Proyectos en las escuelas locales**

Muchas iglesias se reúnen en las escuelas, por lo que esto es algo natural. Muy a menudo, las escuelas proporcionan los recursos (pintura, plantas, artículos de limpieza, etc.), por lo que, por lo general, no hay mucho gasto para la iglesia o las personas que sirven allí. Las actividades de apreciación para los maestros también son grandes éxitos con la administración y los maestros.

- **Bolsas de dulces para oficiales de la policía, emergencia y bomberos.**

Nunca es una mala idea establecer relaciones con los hombres y mujeres que se dedican a protegernos y rescatarnos. Hagan regalos creativos, sabrosos y significativos para mostrar su aprecio por ellos.

- **Visite los hogares de ancianos**

A la mayoría de los hogares de ancianos les gusta tener visitantes, especialmente niños. Pasen tiempo con sus residentes. Una sonrisa, algunas palabras amables y unos minutos de interacción significan mucho para ellos. Organice algunas actividades creativas. Traigan 'Nerf guns' (pistolas

---

2 Para más ideas visite www.ServeDay.today

de juego/espuma) y verán cómo los veteranos de la guerra cobran vida. La Iglesia Refugio en Huntsville, Alabama, incluso ha inaugurado un campus eclesiástico completo para ancianos, justo en la sección de Alzheimer.

- **Paquetes de higiene personal**

Hemos reunido bolsas de artículos esenciales para las personas que viven en la calle. Las bolsas incluyen un cepillo de dientes y pasta de dientes, jabón, toallitas, calcetines y alimentos que pueden llevar en sus bolsillos o mochilas. Reunir los kits y escribir notas de aliento puede ser la oportunidad perfecta para SERVIR a los padres que tienen niños más pequeños o que aún no están listos para ministrar en las calles.

- **Lavado de autos gratis.**

Estos son divertidos, populares y altamente interactivos. Muchas personas no pueden creer que pueden obtener algo gratis, por lo que están encantados de venir y lavar su auto. Los adolescentes, los estudiantes universitarios y otros jóvenes adultos interactúan con personas que llegan para obtener un lavado gratuito. Sí, los que lavan los autos a menudo obtienen tanto jabón como los autos, pero todo es parte del ambiente divertido.

En su libro, *Conspiracy of Kindness* (Una conspiración de Bondad), el pastor Steve Sjogren describe cómo su iglesia anuncia un "lavado de autos por un dólar", pero les devuelven el dinero a los conductores cuando su auto está limpio. Esta es otra forma de sorprender a las personas con amabilidad.

Después de unos pocos días de SERVIR, usted podrá identificar personas en tu iglesia que tienen habilidades muy útiles. En Church of the Highlands, desarrollamos un Equipo de Proyectos calificados que puede realizar reparaciones de automóviles y reparaciones del hogar (carpintería, electricidad, plomería, albañilería, jardinería, etc.) para madres solteras, viudas, personas mayores y otras personas que necesitan nuestra ayuda. En este momento, probablemente también tenga relaciones de trabajo con organizaciones sin fines de lucro, y esas asociaciones se estén desarrollando. Estas relaciones hacen que tus esfuerzos se concentren y así multiplicar el impacto.

PARA ESTABLECER UNA CULTURA DE SERVICIO, LAS PERSONAS DEBEN ESTAR PREPARADOS PARA DIRIGIR.

PRINCIPIOS DE LA ETAPA 1

EN NUESTRA EXPERIENCIA

En nuestra experiencia con eventos de "Un llamado a todos" y días de SERVIR, hemos aprendido muchas lecciones importantes. Permítanme resumir las cosas esenciales que hemos aprendido:

 ① ELIJA LOS LÍDERES CORRECTOS.

Para establecer una cultura de servicio, las personas deben estar preparadas para dirigir. Necesitan aprender que ellos son la iglesia y no depender del personal de la iglesia para resolver todo y hacer que las cosas sucedan.

En una iglesia pequeña o incluso en una que aun no ha abierto sus puertas, el pastor puede ser el único líder del equipo. Si tienes grupos pequeños, solicite a los líderes de los grupos que dirijan los equipos, y asegúrese de proporcionar líderes para las personas que no están en grupos, pero aparecen el sábado por la mañana. Reúnase con los líderes antes del día de SERVIR para informarles, dejarlos que elijan lo que quieren hacer, proporcionar recursos y responder a todas sus preguntas.

No obligue a las personas a liderar un proyecto que no les apasione. Por ejemplo, si no tiene un líder que quiera conducir un lavado de autos, deseche el lavado de autos hasta que aparezca el líder correcto.

 ## ENCUENTRE LA TEMPORADA CORRECTA.

Asegúrese de que la fecha del día de SERVIR se ajuste al calendario de la iglesia, y no se olvide de mirar el calendario de la comunidad. Tenemos nuestro primer día de SERVIR en el verano cuando los estudiantes universitarios están en casa y pueden participar, el calendario no esta tan lleno y las personas se sienten cómodas estando afuera. Programamos nuestro día de SERVIR en julio. (En Alabama, nunca tendrías un día de SERVIR un sábado por la tarde en el otoño porque mucha gente está viendo fútbol americano universitario.)

Puede ser una buena idea tener solo un día de SERVIR el primer año. Planifíquelo bien, organice a su gente, asegure tus recursos y haga que sea espectacular. Pero el próximo año, puede tener uno por trimestre, o tener días especiales de SERVIR en Semana Santa y Navidad. Hoy día, tenemos un día de SERVIR el primer sábado de cada mes, y la mayoría son dirigidos por nuestros grupos pequeños que han desarrollado asociaciones con organizaciones sin fines de lucro en la ciudad, pero comenzó con un "Un llamado a todos" en un día de SERVIR. El movimiento ha crecido, y hoy, iglesias en muchos continentes participan en un "Día de SERVIR" en todo el mundo en julio.

Solo puede expandirse tan rápido como desarrolle una infraestructura de liderazgo, recursos y asociaciones. Es más importante proporcionar maravillosas experiencias para su gente y las personas a las que sirven que expandirse rápidamente. No prometa tanto que no pueda cumplir. No es nada malo que a tu gente le encante servir tanto que no pueden esperar hasta la próxima ocasión.

 ## ENCUENTRE ACTIVIDADES QUE SEAN APROPIADAS PARA LAS FAMILIAS.

En "Un llamado a todos" no se están organizando actividades que requieren muchas habilidades y entrenamiento. Haga eventos que puedan involucrar fácilmente a las familias. Obviamente, los bebés pequeños no pueden salir durante varias horas, pero muchos padres quieren llevar a sus bebés a actividades seguras y fáciles. Los niños y adolescentes tendrán ojos abiertos, corazones abiertos y toneladas de preguntas. Les estás dando a ellos y a sus padres la oportunidad de entrar en la vida de las personas necesitadas y proporcionarles recursos reales y lo están haciendo juntos. Jóvenes y mayores pueden participar en fiestas en la vecindad, juntar bolsas de dulces y llevarlas a los oficiales de policía y bomberos, visitar hogares de ancianos y muchas otras conexiones valiosas.

 ## NO ELIJA MUCHAS ACTIVIDADES.

Comience poco a poco, y elija eventos que sean fáciles de llevar a cabo, fáciles de interactuar y realmente útiles. Le hemos dado muchas ideas. Elija solo algunas.

PLANEE DE MANERA EFECTIVA.

Es importante proporcionar los recursos necesarios para que los eventos funcionen realmente bien. Si estás organizando un lavado de autos, asegúrate de tener suficientes mangueras, boquillas, cubos, esponjas, jabón, letreros, toallas y conexiones a varias llaves de agua. Una vez más, el objetivo no es cubrir la ciudad con voluntarios; es crear unas pocas conexiones excelentes y significativas entre su gente y las personas a quienes sirven.

 ## CELEBRE BIEN.

Uno de los elementos más importantes del día de SERVIR es cuando la gente vuelve para almorzar y compartir sus historias. Trabaje duro para hacer de esto una celebración significativa. Las respuestas alentadoras a las historias validan a las personas y las alientan a hacerlo una y otra vez. Muestre imágenes y videos del evento y conviértalos en héroes. Use las redes sociales para que el mundo sepa cómo Dios ha trabajado en esas preciosas horas.

Como líder del día de SERVIR, busque dónde sucede lo extraordinario. No sucederá en todas las actividades, pero sucederá en muchas de ellas. Lo extraordinario sucede en la intersección de las necesidades de la comunidad, la calidad de tus líderes, la excelencia de tus recursos, la pasión de tus voluntarios y los resultados de tu planificación y preparación. Requiere trabajo, quizás más trabajo de lo que imaginabas, pero vale la pena todo el esfuerzo que invierta. Estás creando una nueva cultura de amor, amabilidad y sacrificio, y estás proclamando a tu pueblo o ciudad que Jesús se preocupa por ellos de manera tangible.

"

LO EXTRAORDINARIO SUCEDE EN LA INTERSECCIÓN DE LAS NECESIDADES DE LA COMUNIDAD, LA CALIDAD DE TUS LÍDERES, LA EXCELENCIA DE TUS RECURSOS, LA PASIÓN DE TUS VOLUNTARIOS Y LOS RESULTADOS DE TU PLANIFICACIÓN Y PREPARACIÓN.

"

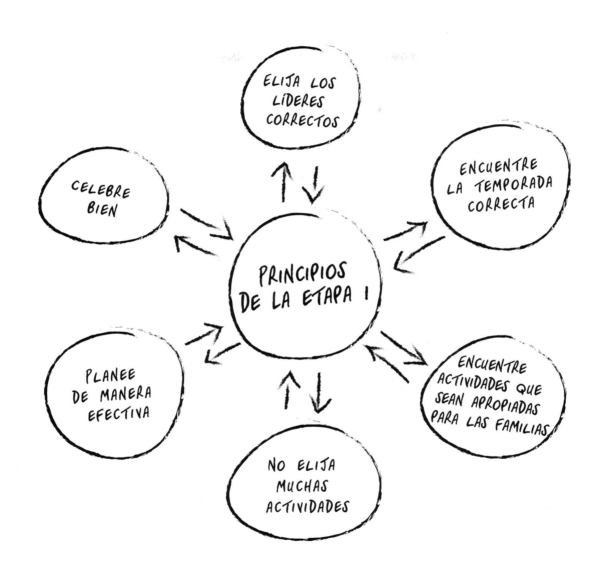

ELIJA LOS LIDERES CORRECTOS

ENCUENTRE LA TEMPORADA CORRECTA

CELEBRE BIEN

PRINCIPIOS DE LA ETAPA 1

ENCUENTRE ACTIVIDADES QUE SEAN APROPIADAS PARA LAS FAMILIAS

PLANEE DE MANERA EFECTIVA

NO ELIJA MUCHAS ACTIVIDADES

JOB 31:16-23

Desde mi juventud he sido un padre para ellos;
a las viudas las he guiado desde mi nacimiento.
Si he dejado que alguien muera por falta de
vestido, o que un necesitado no tenga qué pon-
erse; si este no me ha bendecido de corazón
por haberlo abrigado con lana de mis rebaños;
o si he levantado contra el huérfano mi mano
por contar con influencias en los tribunales,
¡que los brazos se me caigan de los hombros!
¡Que se me zafen de sus articulaciones! Siempre
he sido temeroso del castigo de Dios;
¡ante su majestad no podría resistir!

PIENSE EN ESTO:

1

¿Alguna vez has participado en algún tipo de actividad de toda la iglesia para llegar y servir a las personas en la comunidad? Si es así, ¿cómo fue? ¿Qué funcionó bien y qué necesitaba algunos ajustes?

....

....

....

....

....

....

....

2

¿Cuándo sería una buena época del año para tu día de SERVIR? ¿Qué hace que este tiempo funcione para tu iglesia?

....

....

....

....

....

....

....

3

Revise la lista de
posibles actividades en
este capítulo. ¿Cuáles
se ven más atractivas?
¿Cómo examinará las
opciones y elaborará
las que funcionan para
usted?

....

....

....

....

....

....

....

....

....

4

¿Cómo seleccionarás
a los líderes de los
equipos que salen en el
día de SERVIR?

....

....

....

....

....

....

....

....

....

5

¿Qué hará que este
evento sea una gran
victoria para tu gente?
¿Cómo destacará y
celebrará esas victorias?

....

....

....

....

....

....

....

....

....

....

....

....

....

....

....

....

....

....

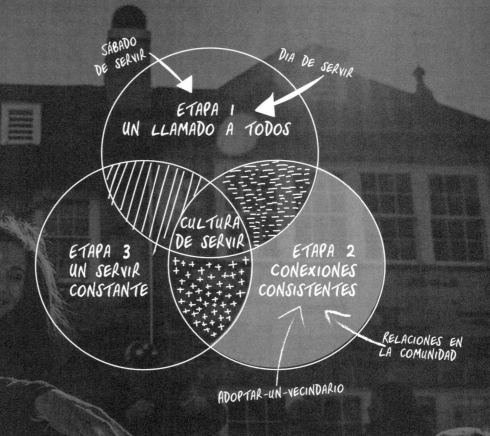

SÁBADO DE SERVIR

DÍA DE SERVIR

**ETAPA 1
UN LLAMADO A TODOS**

CULTURA DE SERVIR

**ETAPA 3
UN SERVIR
CONSTANTE**

**ETAPA 2
CONEXIONES
CONSISTENTES**

RELACIONES EN
LA COMUNIDAD

ADOPTAR-UN-VECINDARIO

Si una persona ha captado el significado de la gracia de Dios en su corazón, esa persona hará justicia. Si no vive con justicia, entonces puede decir con sus labios que está agradecida por la gracia de Dios, pero en su corazón está lejos de él. Si no se preocupa por los pobres, revela que, en el mejor de los casos, no comprende la gracia que ha experimentado y, en el peor de los casos, no se ha encontrado con la misericordia salvadora de Dios. La gracia debería hacerle justo.

TIMOTHY KELLER

La Justicia Generosa

CAPÍTULO CUATRO

ETAPA 2:
CONEXIONES CONSISTENTES

PERMÍTANME DARTE DOS EJEMPLOS

Permítanme darte dos ejemplos de cómo un esfuerzo temporal de la Etapa 1 se convirtió en conexiones consistentes para servir a nuestra comunidad. Ambas giran en torno a un líder que tuvo una idea que se convirtió en una visión y luego condujo a una acción audaz y concertada.

Cuando era pastor en Baton Rouge, uno de nuestros primeros actos de servir a nuestra comunidad fue una fiesta de Navidad para madres solteras. Nuestra iglesia era muy pequeña, y teníamos un par de estas damas en nuestra pequeña congregación. Trish Freeman había sido una madre soltera que se había casado recientemente. Después de la iglesia un día a fines del otoño, ella me dijo, "Sabe, Pastor Dino, debemos hacer algo por las madres solteras en nuestra área. A menudo se sienten excluidas en Navidad. ¿Podemos hacer una fiesta para ellas?

Instantáneamente, sabía quién debería orquestar este esfuerzo. Le dije: "Sí, ¡y tú deberías liderarlo! Tendremos una fiesta para ellas aquí en la iglesia".

Las ruedas de Trish comenzaron a girar. Ella me dijo que quería que tuviéramos un Santa Claus para los niños, algo de comida deliciosa, juegos

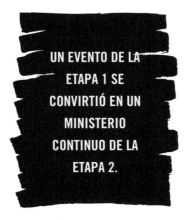

UN EVENTO DE LA ETAPA 1 SE CONVIRTIÓ EN UN MINISTERIO CONTINUO DE LA ETAPA 2.

y algunos regalos para las mamás y sus hijos. Llegó la temporada y escogimos una fecha. Trish fue nuestra líder con un plan, y comenzamos a reunir recursos. Hicimos un anuncio en la iglesia, y en poco tiempo, seis madres se inscribieron para venir. Un hombre en nuestra iglesia me llamó y me dijo: "Pastor, mi madre era madre soltera. Dígame cuánto costará la fiesta. Le haré un cheque". Luego dijo: "Solo hay una condición: ¿puedo ir?" ¿Cómo podría decir que no? Le dije, "¡Claro, puedes venir!"

Tuvimos la fiesta, y fue un gran éxito. ¡Todos la pasaron genial! Las madres y los niños se sintieron maravillosamente amados. La magia había sucedido. Casi tan pronto como terminó la fiesta, Trish me dijo: "Pastor, te aseguro que podríamos formar un pequeño grupo con las mujeres que vinieron a la fiesta". No hubo ningún "nosotros" para ello: Trish comenzó el grupo. Por la gracia que había encontrado en Cristo, amaba a estas mujeres y a sus hijos, y tuvo un tremendo impacto en sus vidas... y ella inspiró mi visión de lo que Dios puede hacer si estamos disponibles para mostrar un poco de su bondad a los demás.

Un evento de la Etapa 1 se convirtió en un ministerio continuo de la Etapa 2: un pequeño grupo para madres solteras que dio la bienvenida a madres de toda la comunidad. Trish entendió sus luchas, y fue una verdadera amiga para ellas. Muchas de las mujeres que escucharon sobre el pequeño grupo y se unieron también comenzaron a asistir a nuestra iglesia. La red de amor y apoyo estaba creciendo debido al liderazgo de Trish. En los años siguientes, otras mujeres que se preocupaban se convirtieron en líderes y este ministerio creció a 20, luego a 30 y luego a 40. En la calidez y el apoyo de los grupos, estas madres no se sintieron aisladas o avergonzadas, sin ayuda o sin esperanza. Sabían que tenían un lugar donde eran amadas y apoyadas. A medida que las madres seguían llegando, Trish necesitaba ayuda para cuidar de todas ellas, y el ministerio se expandió. Así es como un desbordamiento de amor atrae y transforma personas.

NUESTRA PASIÓN POR CUIDAR A LOS NECESITADOS FUE COMO UNA BOLA DE NIEVE DESDE ALLÍ.

A partir de ese momento, comenzamos a buscar la siguiente necesidad y la próxima oportunidad de servir a las personas en nuestra comunidad. Nuestra pasión por cuidar a los necesitados fue como una bola de nieve desde allí.

El segundo ejemplo es un alcance liderado por Helen James. Ella había enseñado en nuestras escuelas locales en Birmingham durante décadas. Después de que se jubiló y comenzó a servir con nosotros en la comunidad, explicó que podíamos tener un tremendo impacto en los niños de nuestras escuelas y sus familias. Con su experiencia y conocimientos, pudo contarnos decenas de cosas que podríamos hacer para ayudar. La primera necesidad que señaló fue que la mayoría de las madres de los niños estaban trabajando, por lo que no estaban disponibles para ser madres de aula. (Y algunas de las madres estaban en la cárcel, en drogas o ausentes del hogar por otras razones.) Estos niños necesitaban madres suplentes. Pudimos encontrar mujeres en nuestra comunidad que estaban encantadas de ser mamás voluntarias para ayudar a los maestros y encontraron muchos recursos para los maestros y estudiantes, para actividades regulares en el aula y para eventos especiales como decoraciones navideñas y fiestas. Las madres del aula trajeron suministros como marcadores y toallas de papel, y decoraron los salones para cada estación del año. Se convirtieron en un recurso y un amigo para los maestros donde sirvieron.

En poco tiempo, Helen nos ayudó a identificar otras necesidades en estas escuelas. Nos involucramos en clubes de refuerzo y equipos deportivos, compramos uniformes para clubes y equipos; se dirigían eventos de apreciación de maestros y se proporcionaron suministros muy necesarios para los maestros y muchas otras actividades. Si estos grupos pequeños y las madres voluntarias no hubieran proporcionado estos recursos, los niños y los maestros no hubieran podido aprovechar estos recursos. Helen se convirtió en una persona clave para conectar a nuestros grupos pequeños con las necesidades en las aulas, y fue magnífico. Los grupos adoptaron un maestro, un equipo o un club, y forjaron relaciones a medida que brindaban aliento y recursos. Debido a la visión, el liderazgo y la compasión de Helen, tuvimos conexiones constantes en nuestras escuelas con maestros y estudiantes que desesperadamente necesitaban nuestros cuidados y recursos. Los maestros se sintieron aliviados de contar con este apoyo, los niños recibieron atención y recursos que de otro modo no habrían recibido y nuestros voluntarios se dieron cuenta de que su tiempo y su amor estaban marcando una gran diferencia. ¡Todos ganaron!

CRECIMIENTO ORGÁNICO

DE LAS MUCHAS ACTIVIDADES

De las muchas actividades que una iglesia puede hacer en el día de SERVIR, unas pocas capturan los corazones de uno o dos líderes. Vienen diciendo: "Esto fue genial, pero no es suficiente. No hemos terminado todavía. Estas personas necesitan más de nosotros... ¡estas personas necesitan más de mí!". Estos líderes poseen la visión específica de la compasión, y no pueden dejarla hasta que encuentren las personas y los recursos necesarios para que suceda. A veces, estos esfuerzos también tienen una fecha de finalización. Después de un día de SERVIR, un líder puede tener la visión de construir un patio de recreo para un vecindario que no tiene lugar para que los niños jueguen. Puede tomar semanas o meses encontrar el lugar, obtener permisos, asegurar los materiales de construcción y reclutar personas para que vengan cuatro o cinco sábados para completar el trabajo. Pero muchas otras veces, Dios mueve a alguien para crear un pequeño grupo como Trish y las madres solteras, o para crear una presencia continua como Helen, reclutando voluntarios para servir en las escuelas. Estos líderes y voluntarios están viviendo su llamado dado por Dios... tal vez una vocación que nunca habían aprovechado antes de darse cuenta de alguna necesidad. Satisfacer estas necesidades les da un sentido renovado de propósito y una nueva visión de su propósito en el reino de Dios.

La transición de la Etapa 1 a la Etapa 2 parece ocurrir naturalmente y orgánicamente, pero también requiere sensibilidad y planificación. Los líderes deben observar y escuchar para ver qué actividades de los días de SERVIR se "quedan" y se convierten en una conexión consistente. La emoción y el impulso motivan a individuos y grupos a permanecer involucrados, a hacer más, a marcar una diferencia aun mayor. Algunas personas, no todas, pero algunas, se conmueven y tienen un impacto más profundo y prolongado en las personas que conocieron el día de SERVIR.

OBSERVA Y ESCUCHA PARA VER QUÉ ACTIVIDADES DE LOS DÍAS DE SERVIR SE "QUEDAN" Y SE CONVIERTEN EN UNA CONEXIÓN CONSISTENTE.

Por medio de mis observaciones en el ministerio de alcance comunitario durante muchos años, creo que el diez por ciento del cuerpo de la iglesia tiene un corazón verdadero para servir. Todos están llamados a servir, pero estos pocos viven para servir y aman servir. Se levantan todos los días pensando en niños abandonados, enfermos, ancianos, prisioneros, madres solteras, adictos, viudas e inmigrantes. Estas personas compasivas generalmente se convierten en los líderes de los ministerios continuos de la Etapa 2 en la comunidad. Ellos son los que hacen las llamadas telefónicas adicionales, programan citas con organizaciones que pueden convertirse en socios, reclutan voluntarios y organizan esfuerzos. Una estrategia de "grupo libre" para grupos pequeños fomenta este tipo de participación. Cuando creas una cultura de pensamiento emprendedor y acciones entre los líderes del grupo, su trabajo no es aumentar el entusiasmo, sino celebrar su entusiasmo. Luego puedes decir "sí" a la mayoría de las ideas y puedes empoderar a las personas para que salgan y lideren en un área de sus pasiones.

Del diez por ciento de estos, tal vez uno de cada diez se siente llamado a dedicar su vida a las causas de los pobres y necesitados. Espero que estas proyecciones no te desanimen. De hecho, es alentador darse cuenta de que tendrá algunos socios dedicados y entusiasmados. Esta observación de participación explica por qué solo unas pocas personas se entusiasman realmente con los ministerios actuales de servicio a los pobres en su comunidad. Atesórelos. Recurre a ellos. Celébrelos. ¡Y no permite que se agoten!

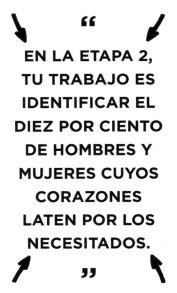

EN LA ETAPA 2, TU TRABAJO ES IDENTIFICAR EL DIEZ POR CIENTO DE HOMBRES Y MUJERES CUYOS CORAZONES LATEN POR LOS NECESITADOS.

> **"LA ETAPA 2 ES EL DESARROLLO DE RELACIONES CONTINUAS, CONTACTO PERPETUO, UNA CONTINUA PRESENCIA."**

En la Etapa 2, tu trabajo es identificar el diez por ciento de hombres y mujeres cuyos corazones laten por los necesitados. Se convierten en la punta de la lanza a medida que construyen ministerios fuertes, afectuosos y consistentes para ayudar a las personas desatendidas o desfavorecidas en tu comunidad. No presione ni tampoco establezca objetivos poco realistas. Sea un jardinero que alimenta el crecimiento de la compasión y espera pacientemente para recoger la fruta. Si presiona demasiado, correrá el riesgo de endurecer los corazones de las personas que solo pueden servir a los pobres si sus corazones se modelan por la gracia y la compasión de Dios.

La etapa 1 está orientada principalmente a las tareas y es episódica: medio día una o varias veces al año. La etapa 2 es el desarrollo de relaciones continuas, contacto perpetuo, una continua presencia. Al igual que el pequeño grupo de Trish para madres solteras o la coordinación de Helen de mamás de aula y otros esfuerzos en las escuelas, en la Etapa 2 diciendo: "Estamos aquí, y no nos vamos a ir. Pueden contar con nosotros. Queremos ser tus amigos, tus respaldos y tus recursos".

Uno de los esfuerzos más efectivos y constantes ha sido nuestra participación en los vecindarios. Un líder y un grupo pequeño han tomado la iniciativa de "adoptar" algunas cuadras o un vecindario entero, llevar víveres a personas que no pueden pagarlos o que no pueden salir a comprar. Ellos ofrecen actividades para los niños y organizan fiestas en el patio unas cuantas veces al año. Cada semana, empacamos bolsas llenas de comestibles y vamos de casa en casa para ver si la gente necesita algo para comer. En poco tiempo, el patrón se vuelve claro: algunas personas necesitan nuestra ayuda todo el tiempo, pero otros ni siquiera se acercan a la puerta para hablar con nosotros. Estamos encantados de ayudar a cualquier persona que necesite nuestra ayuda. Comenzamos este esfuerzo en dos vecindarios, y ahora estamos en diez. En este instante, ofrecemos comestibles todos los sábados, pero rotamos los vecindarios en donde los entregamos, y los voluntarios que empacan las bolsas y los que los distribuyen rotan también. Un voluntario puede servir solo una vez al mes, y un vecindario puede recibir entregas de comestibles cada tres semanas. Aun así, esta frecuencia nos da una presencia continua en estos barrios marginados.

Creamos pequeños grupos para las personas que luchan contra las adicciones, grupos para los miembros de familia que luchan con esas personas y grupos para otras personas cuyas vidas están fuera de control y se están cayendo

A VECES, NUESTRA GENTE APARECE EN LOS MOMENTOS MÁS VULNERABLES DE LA VIDA DE ALGUIEN.

en pedazos. Nos asociamos con organizaciones sin fines de lucro para proporcionar voluntarios y recursos, como un refugio para mujeres que escapan del tráfico sexual, Meals on Wheels (un programa para llevar comida a los que no pueden salir de casa), Centros para el Embarazo y otras organizaciones en la comunidad. Las personas de Healing Place Church se han ofrecido como voluntarios para atender pacientes en centros de tratamiento del cáncer y hogares de ancianos. Las personas que se sientan durante horas conectadas a la quimioterapia ya se sienten terribles, y la quimioterapia les hace sentir aun peor. No nos cuesta mucho aparecer, sentarnos con ellos, ofrecer leerles, orar por ellos, y traerles algo bueno para comer. Este ministerio se volvió tan importante que Healing Place Church ahora incluye un presupuesto para refrigerios para el centro de tratamiento del cáncer. Cuando la gente de la iglesia aparece, todos sonríen y se siente amados. Este ministerio se ha convertido en una aventura diaria. Supongo que hay suficientes personas que han sufrido por la quimioterapia (o tienen familiares que están padeciendo) que quieren estar allí a favor de otras personas que pasan por la misma experiencia agotadora. Dios usa nuestras experiencias de sufrimiento para profundizar nuestra compasión por los demás.

A veces, nuestra gente aparece en los momentos más vulnerables de la vida de alguien. Por ejemplo, un miembro de nuestra iglesia que es enfermera en la sala de cuidados intensivos para recién nacidos en un hospital local se dio cuenta de que los padres se sientan durante horas esperando desesperadamente que su hijo supere otro día. Ella reclutó a algunas personas tiernas que han experimentado sus propios momentos difíciles para visitar en la sala de espera de cuidados intensivos una vez a la semana para ver si alguno de los padres quiere hablar con alguien. (Por supuesto, aquellos que cuidan a personas con este tipo de necesidad deben ser evaluados y entrenados para que sean sensibles a las esperanzas y temores de estos padres, pero su presencia puede significar todo para las mamás y papás que luchan por aferrarse a la esperanza.) Después de un tiempo, una de las personas se dio cuenta de que estos padres se quedan en el hospital todo el tiempo y nunca tienen tiempo para lavar su ropa. Luego agregamos el servicio de lavarles la ropa para que las mamás y los papás al menos pudieran sentirse un poco más cómodos mientras esperaban.

TRABAJAR CON MINISTERIOS LOCALES REVELA LAS NECESIDADES NO SATISFECHAS EN LA COMUNIDAD Y BRINDA OPORTUNIDAD PARA QUE LAS PERSONAS ENCUENTREN SU PROPÓSITO.

En cada comunidad encontrará organizaciones sin fines de lucro a las que les encantaría tener una iglesia asociada con ellas para proporcionarles voluntarios y recursos. Las conexiones consistentes requieren personas comprometidas y asociaciones claves. Es un privilegio para nosotros poder trabajar mano a mano con estas destacadas organizaciones. A menudo, trabajar con ministerios locales revela las necesidades no satisfechas en la comunidad y brinda una oportunidad para que las personas encuentren su propósito. Cuando comenzamos a trabajar con un ministerio de alimentos, clasificando y distribuyendo alimentos, descubrimos otra necesidad. Uno de nuestros líderes reconoció que las personas a las que servimos necesitan una nutrición aún mejor. Ella comenzó un jardín para que pudiéramos regalar verduras frescas. Hoy, tenemos un equipo completo de personas que sirven en el jardín, que ahora es más como una granja.

Sin embargo, déjeme advertirle: si no vas a estar comprometido y ser constante, no prometa más de lo que puede cumplir. Dañar a personas que han perdido la confianza es muy fácil, por lo que uno de los servicios más importantes que podemos brindarle es confiabilidad. Si dice que estará allí, esté allí.

Si una iglesia patrocina un camión de comida que constantemente reparte comestibles en un vecindario, a menudo verá a tres generaciones de personas salir a saludarlos. No solo conocen el sonido del camión que viene por la calle; también conocen a los voluntarios que aparecen una y otra vez para ayudarlos. Cuando reciben una bolsa de comida, abrazan a sus amigos que han establecido una relación con ellos durante muchos meses.

Por supuesto, a medida que participamos en las relaciones, descubrimos las necesidades particulares. Aprendemos que alguien tiene cáncer y necesita un aparato ortopédico fijo a la bañera para que pueda entrar y salir del baño con mayor facilidad. Donamos 300 dólares para el equipo y enviamos a alguien de nuestro Equipo de Proyectos Calificados para instalarlo. Problema resuelto. Misión cumplida. Individuo bendecido.

Muy a menudo, las necesidades y las oportunidades para satisfacer esas necesidades evolucionan. A medida que las personas intervienen para cuidar, a menudo se dan cuenta de que otra necesidad no ha sido obvia hasta ese momento. Las interacciones con personas necesitadas nos muestran otra familia, otro individuo o una comunidad completa que necesita ayuda sustancial.

Cuando comenzamos nuestros esfuerzos de distribución en Baton Rouge, todo fue impulsado por eventos, y yo estaba a cargo de prácticamente todo. Fue divertido y significativo, pero siempre estuvo limitado a mi capacidad. En Church of the Highlands, hemos aprendido que podemos multiplicar nuestra efectividad y recursos pidiendo a los grupos pequeños que se hagan cargo de las tareas del día de SERVIR, y si ven una necesidad que requiere conexiones consistentes, pueden

LAS INTERACCIONES CON PERSONAS NECESITADAS NOS MUESTRAN OTRA FAMILIA, OTRO INDIVIDUO, O UNA COMUNIDAD COMPLETA QUE NECESITA AYUDA SUSTANCIAL.

cambiar su compromiso a la fase 2. El líder del grupo (o alguien en el grupo) organiza y coordina las personas, el tiempo y los recursos esenciales para tener presencia donde se sientan llamados. En los Días de SERVIR de toda la iglesia, a menudo enviamos a más personas para que participen con ellos en un alcance de corto plazo, pero el líder y el grupo tienen una responsabilidad continua con la asociación sin fines de lucro, la agencia o el vecindario.

PRINCIPIOS DE LA ETAPA 2

EL LIDERAZGO, EL COMPROMISO Y LA CONSISTENIA

El liderazgo, el compromiso y la consistencia son los sellos distintivos de la Etapa 2. Permítanme reiterar los principios que hacen que esta etapa funcione.

 IDENTIFIQUE SOCIOS.

Para asociarse con una organización sin fines de lucro y trabajar juntos, tenemos que encontrar a las personas adecuadas, y tenemos que ser las personas adecuadas. Las conexiones consistentes no ocurrirán sin que un líder tenga una visión, alistando personas y recursos apasionados y dedicados para que las cosas sucedan semana tras semana. La naturaleza del trabajo también debe ser sostenible. La iglesia o el líder necesita crear un sistema para que esto suceda, o aun mejor, el líder establece una relación con una organización sin fines de lucro que ya tiene un sistema establecido. Podemos

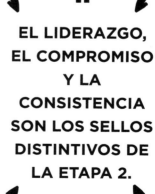

"EL LIDERAZGO, EL COMPROMISO Y LA CONSISTENCIA SON LOS SELLOS DISTINTIVOS DE LA ETAPA 2."

ser socios en una de dos formas: podemos apoyar actividades que la organización ya está realizando, o podemos suplir carencias para satisfacer necesidades que no están siendo atendidas.

Los pastores Jonathan Wiggins y Samuel Brum de REZ Church en Loveland, Colorado, están liderando a su gente a asociarse con 50 agencias en su ciudad y en todo el mundo. La misión de la iglesia es "Levantar seguidores de Jesús que dan vida y tocan el mundo con el amor de Dios". A través de su trabajo con los socios, que están ayudando a proporcionar alimentos y ropa para más de 1.000 huérfanos, ellos han visto muchas mujeres liberadas del tráfico humano, y a través del Instituto de Justicia de Jerusalén, los legisladores en el Medio Oriente están aprobando leyes para responsabilizar a las naciones por violaciones a los derechos humanos. En cada asociación, brindan un alivio tangible, pero estos esfuerzos también son para "Ablandar los corazones de las personas para que escuchen el evangelio, porque es allí donde ocurre el verdadero rescate".

"HAN APRENDIDO A PREGUNTARLE A LA GENTE DEL GOBIERNO DE LA CIUDAD: "CÓMO PODEMOS SERVIRLE?""

Uno de los mejores consejos que recibieron vino del pastor Matthew Barnett del Dream Center en Los Ángeles. Querían ganar credibilidad con el Ayuntamiento local de Loveland, por lo que les dijo que compraran una bolsa de asfalto y la llevaran junto con una pala a la próxima reunión. Si alguien se quejaba de baches podían decir, "Representamos a la iglesia REZ, y nosotros nos encargaremos de eso". La iglesia puede conectar algunos de sus recursos a las necesidades del gobierno de la ciudad, pero sólo cuando los líderes de la ciudad perciban las necesidades. Ellos no van a donde no se los quiere. Han aprendido a preguntarle a la gente del gobierno de la ciudad: "¿Cómo podemos servirle?" Luego escuchan con atención y se convierten en socios de la ciudad. Han visto que cuando honran la autoridad, Dios los levanta.

 ## EL OBJETIVO DEBE SER CONVINCENTE Y REALISTA.

Algunas personas están motivadas por un objetivo numérico, pero la mayoría son impulsadas por las relaciones. Un buen líder usa ambos para describir el éxito. Podría decir: "Queremos ofrecer tres comidas y un plato de bocadillos en un centro de tratamiento del cáncer cada semana este año, y queremos tener conversaciones significativas con al menos diez pacientes cada vez". Casi siempre, las organizaciones socias han definido objetivos muy claros y es nuestro privilegio ayudarlos a alcanzarlos.

 ## PROPORCIONE RECURSOS ADECUADOS.

En el día de SERVIR, los grupos pequeños se hacen cargo de proyectos, asociaciones y relaciones, y ellos o los socios sin fines de lucro a menudo brindan todos los recursos que necesitan. La iglesia proporciona recursos para equipos de voluntarios que todavía no están en grupos. Además, cuando los equipos salen y alguien descubre una necesidad que no se está cumpliendo, la iglesia a menudo proporciona los fondos para la necesidad específica. Es nuestro compromiso y nuestra alegría ayudar siempre que sea posible.

CUANDO HONRAN LA AUTORIDAD, DIOS LOS LEVANTA.

En Church of the Highlands, los grupos pequeños proporcionan los recursos para sus días de SERVIR y otras actividades de alcance comunitario. Esta estrategia mantiene virtualmente todas las actividades de alcance continuos, Etapa 2, en el ámbito de grupos pequeños..

 4 INCULQUE UN SENTIDO DE DIGNIDAD.

Cuando las personas tienen hambre, los alimentamos. Cuando sus casas son arrasadas, les encontramos un lugar para vivir. Como las manos y los pies de Jesús, queremos satisfacer las necesidades donde sea que las encontremos, pero también debemos ser sabios: si todo lo que hacemos es proporcionar alivio, corremos el riesgo de crear una relación de dependencia con las personas a las que ayudamos. En Justicia generosa, Tim Keller identifica tres niveles de participación: alivio, desarrollo y reforma social. Él explica:

> El socorro es una ayuda directa para satisfacer las necesidades físicas, materiales y económicas inmediatas. Desarrollo significa dar a una comunidad individual, familiar o completa lo que necesitan para ir más allá de la dependencia del socorro hacia una condición de autosuficiencia económica que es mucho más lenta, compleja y costosa que el alivio... incluyendo educación, creación de empleo y capacitación, habilidades de búsqueda de empleo y asesoramiento financiero. La reforma social va más allá del alivio de las necesidades inmediatas y la dependencia y busca cambiar las condiciones y las estructuras sociales que agravan o causan esa dependencia.[1]

---

1 Timothy Keller, *Generous Justice* [Generosa Justicia], (New York: Dutton, 2010),pp.112-126.

LA RECONSTRUCCIÓN DE VIDAS NO OCURRE AISLADAMENTE; SUCEDE EN LAS RELACIONES

Estos tres niveles corresponden a nuestras tres etapas de alcance comunitario. La etapa 1 es la primera y más fácil conexión, pero si nos detenemos allí, no podemos ayudar a las personas a adquirir la capacidad de ser autosuficientes, tener un mayor sentido de autoestima y proveer para sí mismos y sus familias. (Es el principio de enseñar a las personas a pescar en lugar de solo darles un pez.)

En la Etapa 2, estamos haciendo algo más que alivio; brindamos asistencia para ayudar a las personas a tomar medidas para construir una vida exitosa y significativa. En el libro *Cuando ayudar hace daño*, los autores Steve Corbett y Brian Fikkert explican que los esfuerzos bien intencionados, pero imprudentes, pueden producir alivio a corto plazo, pero dependencia a largo plazo. En nuestra planificación, debemos pensar siempre en cómo nuestra atención a las personas les infunde dignidad y les ofrece la oportunidad de reconstruir sus vidas.[2] La reconstrucción de vidas no ocurre aisladamente; sucede en las relaciones, por lo que es importante involucrar a las personas en todos los aspectos de la iglesia, especialmente en grupos pequeños.

Como hemos visto, el papel de la iglesia no es una estrategia como delito de fuga después de un accidente; es transformar a la comunidad dando forma a la educación, la vivienda, las relaciones entre los pobres y el gobierno, e incluso promulgando leyes y códigos que ayudan a las personas a salir de la esclavitud

---

2   Recomiendo a líderes de ministerios de alcance a leer el libro *Cuando ayudar hace daño* por Steve Corbett y Brian Fikkert (Nashville: B&H Español, 2017).

de la pobreza, el abuso y las drogas. Hacemos todo esto en el nombre de Cristo, con el mensaje de Cristo que cambia la vida, para tocar corazones para Cristo, para que las personas sigan con gozo a Cristo. De principio a fin, se trata de él.

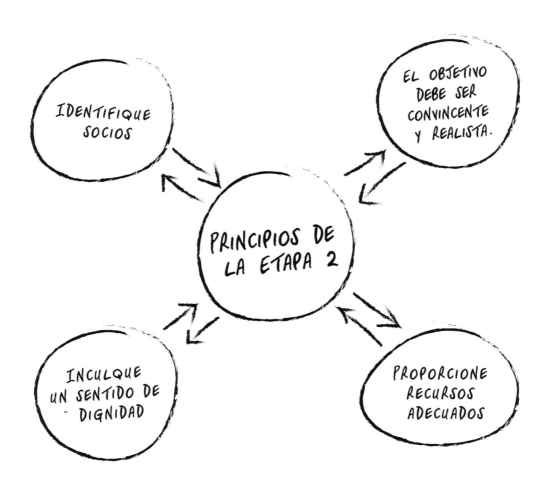

CUALQUIER PERSONA EN CUALQUIER LUGAR ▬▬

LAS TRES ETAPAS DE ALCANCE

Las etapas de alcance comunitario operan en cualquier cultura y en cada país. Por supuesto, los líderes tienen que adaptar los principios, y a menudo encuentran necesidades muy diferentes a las que enfrentamos. En Lima, Perú, el pastor Robert Barriger realizó obras de alcance en un barrio marginado local. Su gente notó personas en sillas de ruedas que tenían grandes dificultades para atravesar los baches y los escombros en las calles. Además, muchas de las sillas de ruedas se habían oxidado porque la gente estaba afuera bajo la lluvia con mucha frecuencia. Robert y su equipo intercambiaron ideas hasta que encontraron una solución. Diseñaron y patentaron una silla de ruedas de plástico con llantas más grandes que son mucho más móviles en terrenos difíciles. Su invención ha revolucionado la vida de personas lisiadas en los barrios bajos.

Los miembros de la iglesia del pastor Robert se dieron cuenta de la necesidad cuando tuvieron un día de SERVIR, un alcance en un sábado en un barrio pobre. Miles de personas habían visto a personas en sillas de ruedas

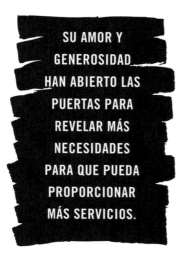

SU AMOR Y GENEROSIDAD HAN ABIERTO LAS PUERTAS PARA REVELAR MÁS NECESIDADES PARA QUE PUEDA PROPORCIONAR MÁS SERVICIOS.

batallando para moverse, pero el equipo del pastor Robert notó y se preocupó lo suficiente como para llegar a una solución creativa. Recaudaron dinero para diseñar, fabricar y distribuir miles de sillas de ruedas a personas necesitadas y los camiones cargados de sillas de ruedas siguen llegando.

Su invención ha dado a la iglesia conexiones consistentes en los barrios pobres, y como siempre, su amor y generosidad han abierto las puertas para revelar más necesidades para que puedan proporcionar más servicios. La iglesia es vista como una parte querida, valorada y confiable de la comunidad.

La etapa 2 es donde la magia que ocurre en el día de SERVIR se convierte en una parte integral de la vida de la iglesia y la comunidad. Los líderes se mueven para marcar la diferencia, para satisfacer las necesidades que han descubierto, y su pasión inflama el corazón de las personas en sus grupos. Juntos, dedican tiempo y energía, y establecen relaciones con organizaciones asociadas. A medida que se involucran en la vida de las personas a las que sirven, suceden dos cosas cruciales: inevitablemente descubren más (y con frecuencia incluso más complejos) problemas que se deben resolver, y experimentan la alegría absoluta de saber que están haciendo la diferencia en la vida de madres y padres, sus hijos y sus familias extendidas. Cuando un gran número de personas en tu iglesia realmente saben que son las manos y los pies de Jesús, ponga atención: ¡ya están sucediendo cosas increíbles, y aun están por suceder más!

DEUTERONOMIO 15:7-8

Cuando en alguna de las ciudades de la tierra que el Señor tu Dios te da veas a un hermano hebreo pobre, no endurezcas tu corazón ni le cierres tu mano. Antes bien, tiéndele la mano y préstale generosamente lo que necesite.

1

Describa cómo un evento de "Un llamado a todos" puede exponer las necesidades, el liderazgo, las alianzas y el compromiso de convertirse en conexiones constantes de la Etapa 2 en la comunidad.

....

....

....

....

....

....

....

2

¿De qué maneras puede identificar al diez por ciento de las personas que viven y aman cuidar de los demás?

....

....

....

....

....

....

....

3

¿Por qué los grupos
pequeños son naturales
para el liderazgo y la
participación en la
Etapa 2?

....
....
....
....
....
....
....
....
....

4

¿Cuáles son algunas
organizaciones en tu
comunidad que podrían
ser una buena opción
para las "conexiones
consistentes" y
la asociación con
personas de tu iglesia, y
en particular, al menos
con algunos de tus
grupos pequeños?

....
....
....
....
....
....
....
....

5

¿Qué te gustaría ver como el impacto transformador de la participación de la Etapa 2 en la vida de las personas en la comunidad y en la vida de las personas en tu iglesia?

....

....

....

....

....

....

....

....

....

....

....

....

....

....

....

....

....

....

....

ETAPA 1
UN LLAMADO A TODOS

CULTURA
DE SERVIR

ETAPA 3
UN SERVIR
CONSTANTE

ETAPA 2
CONEXIONES
CONSISTENTES

CLÍNICAS
MOVILES

"CENTRO DE SUEÑOS"

Hope

No reinvente la rueda. Mire a su alrededor donde la mano de Dios ya se
está moviendo y vaya a ser parte de ella o apóyela.

CHRIS HODGES

ETAPA 3:
UN SERVIR CONSTANTE

En algún punto, en algún momento, las conexiones constantes que las iglesias establecen con las organizaciones socias pueden convertirse en algo más: una presencia reconocida y permanente que brinda una atención excepcional a las personas necesitadas. Esta es la tercera etapa en la progresión de la compasión. Algunas iglesias llaman a esta presencia "un centro de sueños". Nosotros lo llamamos "un servir constante".

Pator Matthew Barnett es un querido amigo y un héroe personal. Cuando fue a Los Ángeles en 1994 para empezar una iglesia, comenzó a observar las necesidades de la comunidad. Mientras oró y planeó, se dio cuenta de que Dios no quería una iglesia típica. Dios lo llevó a moverse más allá de las paredes del edificio para que la iglesia se entrelazara en el tejido de la comunidad. De esta manera, la gente de la iglesia podría ser las manos, los pies y la voz de Jesús cada hora de cada día. En la actualidad, el LA Dream Center (Centro de Sueños en LA, California) brinda servicios a una gran variedad de personas necesitadas, incluidos drogadictos, madres solteras, mujeres que han sido liberadas del tráfico de personas, pandilleros, personas sin hogar, veteranos, personas con VIH / SIDA, presos, ex convictos

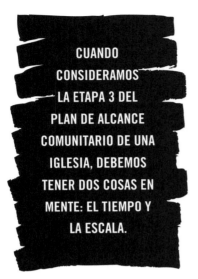

CUANDO CONSIDERAMOS LA ETAPA 3 DEL PLAN DE ALCANCE COMUNITARIO DE UNA IGLESIA, DEBEMOS TENER DOS COSAS EN MENTE: EL TIEMPO Y LA ESCALA.

recién liberados y muchos otros grupos de personas. Ahora, en todo el país, hay más de 200 expresiones de una iglesia participando en "servir constante".

Cuando los pastores y los líderes de la iglesia escuchan el término "Centro de sueños", casi siempre piensan en los centros establecidos por las iglesias grandes que han recaudado millones, han contratado personal destacado y han reclutado a una hueste de voluntarios apasionados y capacitados. Cuando los líderes visitan estas instalaciones u oyen hablar de ellas, a menudo piensan instantáneamente: *"¡Bueno, eso es genial, pero ciertamente no podemos hacer nada de eso! Si esa es tu respuesta, te animo a pensar nuevamente.

Cuando consideramos la Etapa 3 del plan de alcance comunitario de una iglesia, debemos tener dos cosas en mente: el tiempo y la escala. Ninguna de estas 200 expresiones de la Etapa 3 apareció en un instante. Todas son el resultado de años de compromiso, planificación y crecimiento. En otras palabras, ¡estas iglesias no llegaron a la Etapa 3 sin pasar por las Etapas 1 y 2! Y la escala es importante. Las iglesias grandes pueden planificar y llevar a cabo grandes programas, pero las iglesias más pequeñas pueden crear sus propias versiones de presencia permanente. La etapa 3 no es solo para las mega-iglesias; es para cualquier iglesia en la que la Etapa 2 ha surgido necesidades críticas que requieren una instalación, personal y voluntarios para cuidar adecuadamente a las personas.

EL TIEMPO ▬▬▬▬▬

EN PRIMER LUGAR

En primer lugar, permítanme abordar el problema del tiempo usando el proceso de nuestra iglesia. Como hemos visto, Helen James estaba liderando nuestros esfuerzos para conectar voluntarios y recursos a las escuelas locales. Ella reclutó a mujeres para que fueran madres sustitutas de aula, y les pidió a muchas otras personas que contribuyeran con útiles de clase, uniformes y otros equipos a las escuelas. Helen y las mujeres que sirvieron con ella se convirtieron en seres queridos en esas escuelas. La etapa 2 estaba viva y floreciente bajo su liderazgo.

Durante este tiempo, nuestro pastor, Chris Hodges, tuvo una conversación con un doctor, Robert Record, que asistía a nuestra iglesia. El Dr. Record compartió su corazón por las personas en un vecindario desfavorecido. En su práctica, tuvo especial cuidado en ver a personas que no podían permitirse verlo, pero eso no era suficiente para él; quería practicar la medicina entre "los más insignificantes". Al instante, Chris se dio cuenta de que nuestra iglesia podía proporcionar recursos para cumplir la visión del Dr. Record.

La investigación inmobiliaria comercial mostró que el Departamento de Salud del Condado de Jefferson estaba cerrando sus puertas. El edificio fue construido como una clínica médica, por lo que no necesitaría renovaciones importantes. Además, la clínica estaba al cruzar la calle de una de las escuelas donde Helen y su equipo concentraron gran parte de su atención. El Dr. Record y Helen se reunieron con un miembro de la escuela local durante el almuerzo para compartir con ella su visión de servir a la comunidad. Tan pronto como terminaron, el oficial de la escuela los llevó a conocer al director de la escuela secundaria. Para cuando el Dr. Record

TODO ESTO SUCEDIÓ SOLO PORQUE DOS PERSONAS SENTÍAN PASIÓN PARA AYUDAR A LAS PERSONAS Y ESTABAN TOTALMENTE COMPROMETIDAS CON LLEGAR A UNA COMUNIDAD DESFAVORECIDA.

y Helen salieron de la oficina del director, la visión había encontrado un hogar y se había formado una verdadera asociación.

La sinergia fue perfecta: Helen dirigió nuestros esfuerzos para llevar amor y recursos a los maestros y niños de las escuelas, y sus padres apreciaron profundamente todo lo que estaban haciendo por sus hijos. Cuando el Dr. Record abrió el Christ Health Center al otro lado de la calle, las mujeres mostraron a maestros y padres la clínica donde podrían obtener la mejor atención por una fracción del costo de otras instalaciones. Entre la clínica y la escuela había una vieja estación de bomberos que también la estaban cerrando. Lo vimos como un lugar perfecto para servir el desayuno a los niños en la mañana antes de la escuela y proporcionar clases y servicios para toda la comunidad durante todo el día.

Todo esto sucedió solo porque dos personas, Helen James y Robert Record, ya sentían pasión por ayudar a las personas y estaban totalmente comprometidas con llegar a una comunidad desfavorecida. El pastor Chris no creó el ministerio para maestros y estudiantes, y él no tuvo la idea de la clínica. Solo vio cómo Dios trabajaba en la vida de dos personas extraordinarias, y se ofreció a ayudar con las instalaciones y los recursos.

ESCALA ▰▰▰

EN NUESTRA IGLESIA

En nuestra iglesia en Baton Rouge, nuestra primera expresión de la Etapa 3 fue una camioneta y un remolque para poder llevar comida a las comunidades donde la pobreza y el hambre agotaban la vida de las personas. A medida que coordinamos nuestros esfuerzos con un ministerial local con el cual estábamos asociados, nos dimos cuenta que en muchos hogares, los cupones de comida se agotaban para fines de mes, cada mes, y las familias estaban pasando hambre. Un hombre que trabajaba en uno de estos barrios me contó sobre la necesidad, y mencionó que cultivaba vegetales en un terreno de la municipalidad. Recogía verduras y les daba bolsas a personas que conocía y que podrían usar algunos alimentos adicionales. Tan pronto como me dijo lo que estaba haciendo, tuve que echar un vistazo. Conduje hasta su lugar, y entré en un verdadero bosque de verduras.

Estuvo activamente involucrado en un alcance de la Etapa 2, y yo quería ayudar. Compramos una camioneta vieja y un remolque, y buscamos comida excedente que pudiéramos distribuir. Si creas un sistema de distribución, la comida vendrá. En poco tiempo, camiones llenos de todo tipo de alimentos llegaron y se estacionaron en nuestro lote. Durante años, este fue uno de los programas de alcance más eficaces en nuestra iglesia. ¿Crees que la gente en esas comunidades se dio cuenta? ¡Por supuesto! Algunos de ellos querían ir a una iglesia que los amaba lo suficiente como para proporcionarles comida cuando tenían hambre. Sospecho que su respuesta no fue muy diferente de la historia cuando Jesús

CADA 'SERVIR CONSTANTE' SIN IMPORTAR LA FORMA QUE TOME, ES UNA DECLARACIÓN DRAMÁTICA PARA TODA LA COMUNIDAD.

alimentó a los 5.000 y los 4.000. No compramos ni construimos una clínica, una granja o una instalación de nueve acres cerca de Hollywood como el Dream Center, pero teníamos amor, un camión y un remolque, y teníamos los ojos abiertos para buscar recursos que cubrieran las necesidades de los pobres. Cada "servir constante", sin importar la forma que tome, es una declaración dramática para toda la comunidad: la iglesia está clavando una estaca en el suelo y no se va a ir a ninguna parte.

Quería que todos en nuestra iglesia supieran que eran parte de nuestra presencia permanente y visible en la comunidad. En muchos domingos, pongo fotos en la pantalla y le digo a nuestra gente: "Miren cómo Dios nos ha usado. Dios nos dio 170 paletas de comida para regalar este mes. Miren las expresiones en las caras de estas personas. Están agradecidos con Dios, y están agradecidos con usted". A menudo puedo decirles: "Esta semana, mientras repartíamos comida, tuvimos conversaciones increíbles con personas. ¡Tres de ellos aceptaron a Cristo! ¿No es fantástico?" Y todo se debe a que Dios les está utilizando para ayudar a los necesitados. El entusiasmo de nuestra gente hizo que buscaran más personas para ayudar y más recursos para distribuir. Abrieron sus billeteras y bolsos para financiar este esfuerzo. Juntos, le pedimos a Dios que expandiera nuestro alcance, y oramos para que Dios nos diera dos camionetas más, dos remolques más y muchos más camiones llenos de comestibles. Nuestros corazones siempre preguntaban: "¿Cómo podemos encontrar más personas para amar? ¿Y cómo podemos encontrar más y mejor comida para darles?"

Un domingo, después de haber demostrado cómo Dios estaba usando nuestra iglesia para alimentar a las personas hambrientas, un hombre se me acercó y me dijo: "Tengo un pequeño almacén vacío. No puedo venderlo, y no puedo alquilarlo. ¿Puedes usarlo como un lugar para almacenar la

> **"**
>
> **UN PUNTO CRÍTICO EN LA ETAPA 3 ES CUANDO ALGUNOS DE LAS PERSONAS DE LA COMUNIDAD QUE RECIBIERON ATENCIÓN SE CONVIERTEN EN VOLUNTARIOS, E INCLUSO SE CONVIERTEN EN LOS LÍDERES DEL MINISTERIO DE ALCANCE. .**
>
> **"**

comida? Estaba emocionado. Se convirtió en nuestra área de preparación donde podíamos llevar toda la comida, almacenar lo que no estábamos usando ese día y distribuir el resto a los vecindarios. No comenzamos con un almacén, y de hecho, ni siquiera sabía qué tan importante sería uno. Cuando comenzamos a usarlo, el almacén nos hizo mucho más eficientes y efectivos. Se convirtió en nuestro puesto avanzado de misiones y nos permitió expandirnos mucho más rápido que antes. La oportunidad de usar el almacén no apareció hasta que comenzamos a entregar comestibles desde un camión y un remolque. Cuando dimos el primer paso, Dios apareció con el siguiente gran paso.

Un alcance de la Etapa 3 puede usar una habitación en tu iglesia o un camión, o puede suceder sin ningún edificio. Jimmy Rollins, pastor de la Iglesia i5 en Baltimore, Maryland, se dio cuenta de que algunos niños crecen en comunidades con instalaciones deportivas muy limitadas, por lo que creó campamentos deportivos en el verano. Fuera de los campamentos, él y otros crearon ligas deportivas, y estas ligas formaron clubes permanentes durante todo el año, involucrando a padres, entrenadores y otros líderes de la comunidad. Su alcance está haciendo una diferencia en la vida de cada participante, cada familia y toda la comunidad. Podríamos decir que los campamentos fueron la Etapa 1, las ligas fueron la Etapa 2, y los clubes fueron expresiones de la Etapa 3, una presencia permanente tocando vidas todos los días.

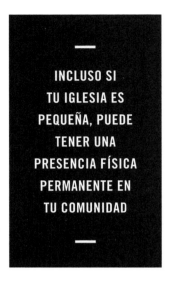

INCLUSO SI TU IGLESIA ES PEQUEÑA, PUEDE TENER UNA PRESENCIA FÍSICA PERMANENTE EN TU COMUNIDAD

Un punto crítico en la Etapa 3 es cuando algunas de las personas de la comunidad que recibieron atención se convierten en voluntarios, e incluso se convierten en los líderes del ministerio de alcance. Conocen los vecindarios mejor que nosotros, y ahora comienzan a ser dueños del ministerio. Pueden comenzar asistiendo a la iglesia y luego volviéndose voluntarios para cuidar a su propia comunidad. Algunos de ellos tienen habilidades de liderazgo, por lo que aquellos que comenzaron el ministerio gradualmente transfieren la responsabilidad a estos nuevos líderes.

Cuando tu iglesia tenga conexiones consistentes en los alcances de la Etapa 2, sea observador y pídale a Dios que te muestre cómo y cuándo algunos de estos esfuerzos pueden convertirse en actividades permanentes y diarias de la Etapa 3. Como siempre, buscará líderes que tengan visión, corazón, tiempo y habilidades, hombres y mujeres que demuestren estar en las actividades de la Etapa 2. Las iglesias pueden descubrir que encajan perfectamente con una despensa de alimentos, distribución de ropa, un comedor de beneficencia, actividades extracurriculares y tutoría, cocina para personas sin hogar, capacitación laboral y empleo, proporcionar vivienda a una población en riesgo y otros servicios. En muchos casos, las personas en la iglesia o en la comunidad descubren que están haciendo un gran trabajo en la Etapa 2 y ofrecen instalaciones para que un alcance regular de la Etapa 2 se convierta en un ministerio permanente e identificable de la Etapa 3.

Una de las primeras instalaciones que tuvimos en Baton Rouge fue The Ascension House (La casa de Ascensión), un programa de capacitación y trabajo con una casa de seis camas para hombres que no tienen hogar. Un hombre que era dueño de una pequeña iglesia vino a nosotros y nos preguntó: "¿Quieres este edificio? No la puedo usar para nada, pero tal vez ustedes si pueden". Sí, lo queremos. Agregamos otra habitación creando espacio así para seis camas. El edificio era pequeño, pero nos dio un lugar para tener un ministerio profundo. Teníamos las habitaciones, una cocina, un par

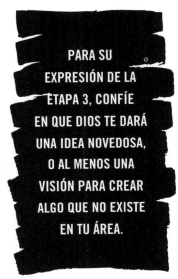

PARA SU EXPRESIÓN DE LA ETAPA 3, CONFÍE EN QUE DIOS TE DARÁ UNA IDEA NOVEDOSA, O AL MENOS UNA VISIÓN PARA CREAR ALGO QUE NO EXISTE EN TU ÁREA.

de baños con ducha en la parte posterior y un aula muy pequeña. Pusimos una valla a su alrededor para proporcionar una sensación de seguridad y protección. Los líderes enseñan y hacen discípulos a estos hombres. Para pagar todos los gastos, los hombres se convirtieron en parte de una compañía de jardinería que el líder supervisa. La Casa de Ascensión todavía está funcionando hoy. Ha significado mucho para los hombres que han llegado allí.

PRINCIPIOS DE LA ETAPA 3 ▰▰▰

LAS ACTIVIDADES DE LA ETAPA 3

Las actividades de la Etapa 3 casi siempre surgen de los éxitos de la Etapa 2, y generalmente son dirigidas por los líderes de la Etapa 2. Incluso si tu iglesia es pequeña, puede tener una presencia física permanente en tu comunidad. Si no tiene muchos recursos, pídale a Dios que los proporcione. Probablemente enviará personas, instalaciones y suministros desde lugares que usted nunca soñó que existieran. Aquí hay algunos principios para guiarlo.

NO REINVENTE LA RUEDA.

En la Etapa 2, tu iglesia puede asociarse con una organización como la YWCA (que en nuestra ciudad tiene 250 camas para mujeres en riesgo), pero no intente duplicar una organización como esa en la Etapa 3. Siga con la asociación y dedique tantas personas y recursos como pueda. Si intenta crear algo como esto por tu cuenta, gastará mucho tiempo, energía y dinero, la curva de aprendizaje será larga y empinada, y probablemente no harías un trabajo tan bueno como la organización existente.

Para su expresión de la Etapa 3, confíe en que Dios te dará una idea novedosa, o al menos una visión para crear algo que no existe en tu área. Observe lo que otras iglesias están haciendo en sus comunidades, y aprenda de ellas. Es posible que deseas asociarte con ellos, enviar personas de tu congregación para ver de primera mano y compartir recursos. Queremos crear una red de apoyo y oración para que muchas más iglesias tengan un profundo impacto en sus comunidades.

 DESDE EL COMIENZO DE LA ETAPA 1, TRATE A LAS PERSONAS CON DIGNIDAD Y EVITE CUALQUIER TIPO DE PATERNALISMO.

Sí, lo estamos haciendo bien, pero debemos evitar ser benefactores a toda costa. Observe las frases que indiquen "nosotros / ellos", palabras y tonos degradantes que hacen que las personas que aman a Jesús se sientan insignificantes, se sientan como objetos, y piensen que son solo proyectos para personas ricas. Es importante preguntarnos vez tras vez, "¿Quiénes son los héroes en esta historia?" ¿Jesús? ¡Sí, ciertamente! ¿Nosotros? ¡No! Tenemos que entender que solo somos vasijas que canalizan la gracia de Dios en la vida de los demás. ¿Las personas que cuidamos? ¡Si, absolutamente!

Pueden estar luchando con una adicción, sus hijos, trabajo, finanzas y encontrar un lugar para vivir, pero sus vidas requieren un esfuerzo enorme para dar un paso más. No demos por menos los privilegios y recursos que tenemos; ellos no pueden perder esos privilegios y recursos. Si dan el primer paso para admitir que necesitan ayuda, ¡eso es una valentía increíble! En todo lo que hagas, ponga el enfoque en

EN TODO LO QUE HAGAS, PONGA EL ENFOQUE EN JESÚS.

Jesús y las personas que se acercan para aceptar el amor y los recursos que ofrecemos en su nombre.

Por ejemplo, como mencioné, cuando recolectamos regalos para niños en Navidad, no les damos los regalos a los niños; invitamos a los padres a recoger los regalos y llevarlos a casa para entregárselos a sus hijos. Tratamos de evitar etiquetas negativas como "personas sin hogar". El Dream Center de Memphis no tiene un "ministerio de personas sin hogar"; lo llaman "Ministerio de amigos del pueblo". Y en el LA Dream Center (Centro de sueños de Los Ángeles), los líderes enseñan a los voluntarios a compartir sus propios nombres cuando se encuentran con otras personas. Confiamos en ellos con una parte de nosotros mismos antes de pedirles que confíen en nosotros una parte de sus vidas.

(3) EDI QUE UN SISTEMA QUE PERPETÚE LOS RECURSOS.

Comience con el fin en mente. No se apresure a comenzar un gran plan sin pensar en los sistemas, procedimientos, mano de obra y recursos que necesitará para que sea un éxito... y no sobreestime todos tus recursos. Asegúrese de que sean reales y comprometidos. La gente compasiva puede permitirse ser espontáneo en la Etapa 1, pero necesitan tener un

> **"**
> **UNA DE LA MAYORES TENSIONES EN CUALQUIER NUEVA EMPRESA ES CAUSADA POR SUBESTIMAR EL TRABAJO QUE SE NECESITA PARA LLEVARLO A CABO.**
> **"**

plan en la Etapa 2. En la Etapa 3, los líderes no necesitan ser graduados de Harvard, pero necesitan un plan de negocios sólido y minuciosamente evalu-ado que incluya fuertes, debilidades, oportunidades y riesgos. Necesitan tener su liderazgo establecido y su financiación asegurada. Una presencia permanente debe ser liderada por personas que tengan una combinación sólida de ternura y dureza, una visión para el futuro y una mirada clara en el presente. Un buen comienzo no es suficiente. El plan necesita identificar lo que se necesita para los próximos tres a cinco años... y tal vez más. Por supuesto, habrá sorpresas y decepciones, por lo que se harán ajustes, pero la astucia es un componente de liderazgo esencial desde el primer pensamiento de la presencia de la Etapa 3.

(4) ESTABLEZCA UNA LÍNEA DE LIDERAZGO.

Una de las mayores tensiones en cualquier nueva empresa es causada por subestimar el trabajo que se necesita para llevarlo a cabo. Cuando una iglesia crea una cultura de cuidado (vea el próximo capítulo), exponen a las personas a las necesidades y oportunidades, su compasión se pro-fundiza y obtienen una visión más clara de cómo Dios puede usarlas. En otras palabras, los Días de SERVIR de la Etapa 1 al menos animan a algu-nas personas para involucrarse en la Etapa 2 de alcance continuo, y esta participación motiva al menos a algunos de ellos a convertirse en líderes o voluntarios en la Etapa 3. Pero no esperen que los líderes de la Etapa 3 caigan del cielo. Son el producto de una participación comprometida y el desarrollo del liderazgo en las dos primeras etapas.

Seamos realistas: algunas personas que están entusiasmadas por comenzar pueden darse cuenta de que han abarcado más de lo que pudieron apretar, por lo que abandonan. Si no tiene más personas dispuestas a participar, podría tener grandes problemas si promete servicios que su estructura de liderazgo no puede cumplir. ¡No deje que eso suceda! Mantenga tu atención enfocada en todo el proceso para que puedas identificar a las personas con una mezcla creciente de entusiasmo, habilidad y compromiso a lo largo del camino. Los grupos pequeños son las incubadoras naturales de liderazgo, entusiasmo y servicio. A medida que las personas se apoyan mutuamente, es menos probable que se agoten. Y juntos, presentan sus dones colectivos, por lo que hay menos estrés en una persona.

En nuestra iglesia, el ducto tiene un proceso de crecimiento de cuatro pasos simples y efectivos. El primero es lo esencial del evangelio y la membresía en la iglesia; el segundo incluye los fundamentos del crecimiento cristiano; el tercero se centra en los dones espirituales y encuentra un lugar para servir en el cuerpo; y el cuarto es la colocación en un equipo que sirve. Estos cuatro se titulan: Conozca a Dios, Encuentre la libertad, Descubra el propósito y Haga la diferencia. Esta es la declaración de visión de nuestra iglesia.

CONOZCA >>>>> ENCUENTRE >>>>> DESCUBRA EL >>>>> HAGA UNA
A DIOS   LA LIBERTAD   PROPÓSITO   DIFERENCIA

LOS GRUPOS PEQUEÑOS SON LAS INCUBADORAS NATURALES DE LIDERZGO, ENTUSIASMO Y SERVICIO.

La recompensa del alcance de la Etapa 3 es nada menos que la transformación de la comunidad. Nuestra presencia física, persistente y amorosa cambia la trayectoria en la vida de las personas y sus familias, y con el tiempo, afecta la cultura de los vecindarios. Cuando el amor, la gracia y el poder de Dios se profundizan en los poros de la ciudad, las familias deshechas se reconcilian, el crimen disminuye, los niveles de educación aumentan, los adictos se restauran, el odio se derrite por el amor, el racismo se erosiona por la aceptación radical... y la desesperanza es reemplazada por un nuevo sentido de esperanza. Este cambio profundo y duradero no ocurre solo. Reconocemos que otra fuerza quiere mantener a la gente encerrada en la esclavitud del miedo, el odio, las drogas y la vergüenza. Estamos en una lucha contra Satanás y el mal, y seguimos a Jesús, nuestro comandante. Tomamos en serio la advertencia de Pablo:

"Por último, fortalézcanse con el gran poder del Señor. Pónganse toda la armadura de Dios para que puedan hacer frente a las artimañas del diablo. Porque nuestra lucha no es contra seres humanos, sino contra poderes, contra autoridades, contra potestades que dominan este mundo de tinieblas, contra fuerzas espirituales malignas en las regiones celestiales. Por lo tanto, pónganse toda la armadura de Dios, para que cuando llegue el día malo puedan resistir hasta el fin con firmeza" (Efesios 6: 10-13)

En el otro lado de la ecuación, los cambios que ocurren en aquellos que sirven son igual de profundos y sorprendentes: cuando los cristianos participan en un acercamiento compasivo a los pobres y desfavorecidos,

Dios también hace algo maravilloso en sus corazones. Nuestra gente se ha vuelto más sabia, más fuerte, más tierna, más honesta con sus propias luchas y más dependiente del poder de Dios para cambiar vidas. De hecho, creo que el verdadero discipulado no ocurre hasta que la gente se involucre profundamente en actos de compasión hacia los demás, especialmente aquellos que son muy diferentes a ellos. Esta participación nos quita nuestras ideas preconcebidas, rompe los muros que nos mantienen seguros y erosiona nuestras actitudes críticas hacia aquellos que son diferentes de nosotros. Servir a aquellos que no pueden pagarnos nos pone más en contacto con el corazón de Jesús, que sirvió a personas que no podían pagárselo, personas como usted y yo. Servir, entonces, se trata de que la gracia de Dios fluya en nosotros, a través de nosotros y de nosotros hacia la vida de los demás... sin compromiso.

Helen James sabe algo acerca de reclutar líderes para la causa. Cuando el concepto de una presencia permanente en Birmingham comenzó a tomar forma para ella y el Dr. Record, vio que el corazón de Dave Anderson encajaba perfectamente con la visión. Dave, su esposa y sus cuatro hijas vivían en otra parte de Birmingham, y Dave tenía un "pequeño grupo" de 40 niños. Cuando Helen le contó sobre sus planes para la clínica y las escuelas, Dave vio al instante el increíble potencial. Él respondió: "¿Por qué no vamos allá para ser parte de eso?"

Dave y su familia se mudaron a una casa cerca de la clínica, una casa que estaba

> **CUANDO LOS CRISTIANOS PARTICIPAN EN UN ACERCAMIENTO COMPASIVO A LOS POBRES Y DESFAVORECIDOS, DIOS TAMBIÉN HACE ALGO MARAVILLOSO EN SUS CORAZONES.**

> **"AQUÍ ES DONDE DIOS NOS HA LLAMADO A ESTAR, Y ESTO ES LO QUE DIOS NOS HA LLAMADO A HACER."**

al otro lado de la calle de la vivienda del gobierno de la Sección 8. Movió a su grupo de chicos al nuevo lugar en la parte más desfavorecida de la ciudad porque creía que Dios quería que tuviera un impacto en muchos más niños.

Dave y su familia se mudaron a una casa cerca de la clínica, una casa que estaba al otro lado de la calle de la vivienda del gobierno de la Sección 8. Movió a su grupo de chicos al nuevo lugar en la parte más desfavorecida de la ciudad porque creía que Dios quería que tuviera un impacto en muchos más niños.

Muy rápidamente, el amor de Dave por los niños se hizo evidente para las familias "al otro lado de la calle", pero su participación con ellos no fue sin mucho drama. Después de solo un par de meses, una madre que vivía con su hermano y sus cuatro hijos pequeños apuñaló a su hermano. Alguien llamó a Dave y llegó allí mientras el hombre yacía en un charco de sangre en el suelo. Recogió a los cuatro niños y los sacó del apartamento cuando la policía vino a arrestar a su madre.

La historia no termina ahí. Diez años más tarde, cuando Dave y algunos niños jugaban a la pelota en un patio, la pelota rodó y fue recogida por un hombre joven. Era uno de los muchachos que se había llevado mientras veía la sangre de su tío años atrás. Dave se dio cuenta de que este no era un evento fortuito: Dios había traído a este chico, ahora un hombre joven, de regreso a su vida para que pudiera compartir el amor de Dios con él.

Dave es el padre, el maestro, el hermano mayor y el modelo que todos estos jóvenes necesitan desesperadamente. Su filosofía de ministerio es simple: "Los trato como si tratara a mis propios hijos". Vivir frente a las viviendas del gobierno conlleva un cierto riesgo para Dave y su familia. Oyen peleas y disparos, y ha habido asesinatos muy cerca. Durante los 25 años que han vivido en el vecindario, hubo momentos en que Dave se preguntó si necesitaba trasladar a su familia a una parte más segura de la ciudad, pero se resistió a la urgencia. Él insiste que: "Aquí es donde Dios nos ha llamado a estar, y esto es lo que Dios nos ha llamado a hacer".

Nuestro trabajo en las escuelas, nuestra compra y administración del Centro de Salud y nuestro asesoramiento a los jóvenes en la estación de bomberos no son solo para aliviar un momento de desesperación de vez en cuando. Nuestro objetivo es ver a Dios transformar vidas, llevar su luz a la oscuridad y cambiar radicalmente el vecindario para que reine la misericordia, la verdad y la justicia de Dios.

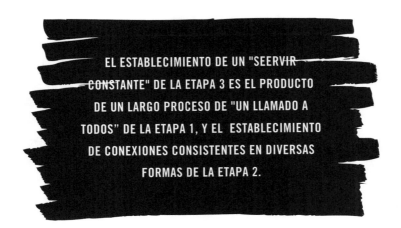

EL ESTABLECIMIENTO DE UN "SEERVIR CONSTANTE" DE LA ETAPA 3 ES EL PRODUCTO DE UN LARGO PROCESO DE "UN LLAMADO A TODOS" DE LA ETAPA 1, Y EL ESTABLECIMIENTO DE CONEXIONES CONSISTENTES EN DIVERSAS FORMAS DE LA ETAPA 2.

El establecimiento de un "servir constante" de Etapa 3 es el producto de un largo proceso de "un llamado a todos" de la Etapa 1, y el establecimiento de "conexiones consistentes" en diversas formas de la Etapa 2. La presencia permanente puede ser tan móvil como un camión y un remolque, o tan pequeña como una habitación en una iglesia o un hogar. Pero comenzar es solo el primer paso en la Etapa 3. Los líderes dotados y piadosos confían en Dios para ver el ministerio profundizar, mejorar y expandir para satisfacer más necesidades, proporcionar más servicios y conectarse a más recursos. Al igual que todos nosotros en nuestros viajes espirituales, los líderes en la Etapa 3 son siempre dependientes, siempre vanguardistas, y siempre están creciendo y madurando.

LUCAS 14: 12-14

También dijo Jesús al que lo había invitado: "Cuando des una comida o una cena, no invites a tus amigos, ni a tus hermanos, ni a tus parientes, ni a tus vecinos ricos; no sea que ellos, a su vez, te inviten y así seas recompensado. Más bien, cuando des un banquete, invita a los pobres, a los inválidos, a los cojos y a los ciegos. Entonces serás dichoso, pues aunque ellos no tienen con qué recompensarte, serás recompensado en la resurrección de los justos"

1

¿Ha desafiado y reformulado este capítulo su concepto de presencia permanente de la Etapa 3 en su comunidad? Explique tu respuesta.

....

....

....

....

....

....

....

PIENSE EN ESTO:

2

¿Cómo pueden los líderes saber cuándo una participación en la Etapa 2 está lista para convertirse en una presencia permanente?

....

....

....

....

....

....

....

Capítulo Cinco **159**

3

¿Cómo definirías el paternalismo? ¿Cómo envenena las relaciones con personas que son tratadas como "menos"? ¿Cómo ayudarás a tu gente a tratar a los demás con dignidad y respeto?

....

....

....

....

....

....

....

....

....

....

....

....

....

4

¿Cómo está funcionando tu línea de liderazgo? ¿Cómo puede ser mejorada?

....

....

....

....

....

....

....

5

¿La idea de tener una
"servir constante"
en tu comunidad
es emocionante o
amenazante para ti?
Explique tu respuesta.

....
....
....
....
....
....
....
....
....
....
....
....
....
....
....
....
....
....
....

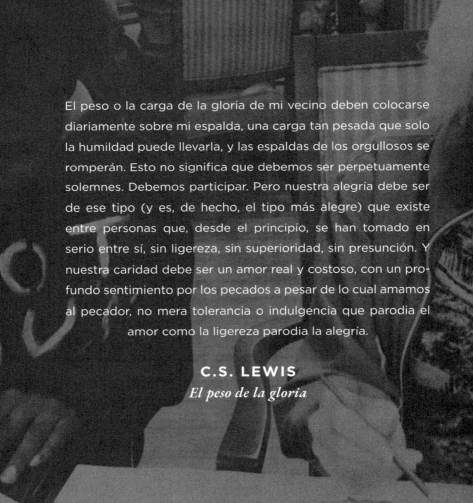

El peso o la carga de la gloria de mi vecino deben colocarse diariamente sobre mi espalda, una carga tan pesada que solo la humildad puede llevarla, y las espaldas de los orgullosos se romperán. Esto no significa que debemos ser perpetuamente solemnes. Debemos participar. Pero nuestra alegría debe ser de ese tipo (y es, de hecho, el tipo más alegre) que existe entre personas que, desde el principio, se han tomado en serio entre sí, sin ligereza, sin superioridad, sin presunción. Y nuestra caridad debe ser un amor real y costoso, con un profundo sentimiento por los pecados a pesar de lo cual amamos al pecador, no mera tolerancia o indulgencia que parodia el amor como la ligereza parodia la alegría.

C.S. LEWIS
El peso de la gloria

CAPÍTULO SEIS

PRÓXIMOS PASOS

A lo largo de los años, a medida que dirigía los ministerios de alcance, cometí muchos errores, pero probablemente el más grande es la incapacidad de comunicar de manera constante y persuasiva que cada creyente puede hacer una diferencia en la vida de las personas necesitadas. Como mencioné, el diez por ciento de las personas en nuestras iglesias tienen una sed dada por Dios para servir a los pobres, viudas, huérfanos, inmigrantes, discapacitados, madres solteras, ancianos, adictos y otros en necesidades desesperantes. Es fácil inspirarlos; ¡Son un charco de gasolina esperando ser incendiados! Es el otro noventa por ciento que necesita que el Espíritu de Dios penetre debajo de su piel y cambie sus percepciones y motivaciones. Viven en un abismo entre las necesidades reales de la comunidad y su motivación poco apasionada para satisfacer esas necesidades. Nuestra labor es reducir ese abismo.

Hemos trabajado muy fuerte para hacer que los días de SERVIR sean lo más fácil y positivo posible para nuestra gente, pero aun así, solo la mitad de ellos aparece. Esto me dice que no estamos poniendo las galletas del alcance en el estante de abajo. Ciertamente, no esperamos que un llamado a todos

NUESRTO OBJETIVO ES ATRAER, INSPIRAR, E INVOLUCAR...

involucre literalmente a todas las personas en la iglesia, pero nuestro objetivo es atraer, inspirar e involucrar a más de la mitad. Todos nosotros tenemos que encontrar el equilibrio entre inclinarnos demasiado para hablar sobre nuestra responsabilidad ante Dios para ayudar a los perdidos y a los olvidados, y no apoyarnos demasiado, dejando a nuestra gente absorta en sí misma, desinformada y sin inspiración sobre las necesidades fuera de las cuatro paredes de la iglesia. A veces puedo ser un poco ruidoso y apasionado, tal vez algo más ruidoso y apasionado, y puedo parecer demasiado duro para algunas personas. Pero ciertamente no quiero retroceder demasiado y parecer indife-rente y no comprometido. Ayudarme a encontrar este equilibrio es una de las responsabilidades de nuestro equipo de alcance.

Ya sea que recién estés comenzando un ministerio de alcance o esté en el camino hacia Etapas 2 (conexiones consistentes) y 3 (servir constante), permítame ofrecerte los próximos pasos que debes considerar.

ESTABLEZCA VÍAS DE ACCESO EFECTIVAS.

La etapa 1 es el llamado a todos, y en el corazón de esta etapa está el descubrimiento. En la preparación de estos eventos, descubrirá necesidades en la comunidad que quizás no conocía antes, y en los eventos, su gente se acercará más a personas que normalmente no están en sus radares.

Los días de SERVIR son los mejores y más grandes medios para que la mayoría de las personas participen en actividades de alcance, pero incluso allí, piense en las actividades que brinden mayor éxito para su gente. Haga que el desayuno sea especial, provea líderes sobresalientes para cada evento (y para iglesias pequeñas e iglesias que están comenzando, ese destacado líder es probablemente usted). Deles todos los recursos que necesiten, reúnalos de nuevo para almorzar y compartir sus historias, y celebrar en grande al día siguiente en la iglesia. Estas actividades son a corto plazo, de bajo riesgo, pero de alto impacto, aptas para las familias y muy divertidas. En otras palabras, para la mañana del domingo, las personas que no fueron se van a lamentar por haberse perdido un gran evento.

LAS MEJORES VÍAS DE ACCESO PARA MUCHAS IGLESIAS SON LOS PODEROSOS VÍNCULOS ENTRE GRUPOS PEQUEÑOS Y ORGANIZACIONES LOCALES SIN FINES DE LUCRO

A medida que el ministerio se desarrolla en la Etapa 2, las mejores vías de acceso para muchas iglesias son los poderosos vínculos entre grupos pequeños y organizaciones locales sin fines de lucro, escuelas, hogares de ancianos y otras instalaciones. Así como el proceso de encontrar actividades nuevas y efectivas para los días de SERVIR nunca termina, manténgase en la búsqueda de nuevas oportunidades para conectar nuevos grupos pequeños con organizaciones, o tal vez, grupos que han existido por un tiempo, pero que ahora están listos para hacer un compromiso de la Etapa 2 con una sociedad.

Un servir constante está bien establecida con personas, lugares y recursos, pero incluso allí, algunas personas pueden ofrecerse como voluntarias temporalmente como su primera incursión en ministerios de compasión. Incluso el ministerio de Etapa 3 de una iglesia puede ser una oportunidad para ellos.

Ore, piense y busque la progresión a través de las Etapas 1 y 2. Tarde o temprano, cuando Dios abra las puertas, estos líderes encontrarán la manera de tener esta presencia permanente y poderosa en sus ciudades. Cada uno puede verse muy diferente, desde un camión y un remolque a un recinto de nueve acres con instalaciones increíbles. Mire a su alrededor, visite algunas de estas instalaciones y permita que Dios lo mueva a hacer grandes cosas en tu ciudad.

 DESCUBRA Y GENERE IDEAS CREATIVAS PARA EL ALCANCE.

A medida que este ministerio se desarrolle, puedes contar con personas que presenten un montón de ideas sobre cómo la iglesia puede llegar a un segmento de la comunidad que se pasa por alto. Muchas de estas ideas son geniales. Aliente a las personas que presentan buenas ideas y proporcione recursos para ayudarlos a expresar el amor de Cristo en su mundo. Sea diplomático con la gente cuyas ideas no son muy buenas. Afirme sus corazones y la creatividad, y anímelos a involucrarse en ministerios cercanos a su nueva pasión.

 CUIDE A LOS QUE ESTÁN COMPROMETIDOS, ASÍ COMO TAMBIÉN A LOS QUE NO QUIEREN.

Las personas que tienen éxito en los negocios o profesiones pueden no tener tanto éxito en su vida personal. Pueden estar tan angustiados como la gente pobre por las tensiones con su cónyuge e hijos, sus problemas financieros y abuso de sustancias,

> "
> **AFIRME SUS CORAZONES Y LA CREATIVIDAD, Y ANÍMELOS A INVOLUCRARSE EN MINISTERIOS CERCANAS A SU NUEVA PASIÓN.**
> "

" CELEBRE SU DESEO DE PROPORCIONAR RECURSOS PARA QUE EL MINISTERIO PUEDA SER EFECTIVO Y EXPANDIRSE. "

pero ocultan su dolor detrás de las paredes de casas bonitas, dentro de automóviles de lujo y debajo de la ropa fina. A medida que comparte constantemente tu pasión por la gente que está en dolor, probablemente encontrarás que algunas personas en tu iglesia tienen un corazón para romper la fachada de quienes no son pobres. Detrás de las máscaras, descubrirán heridas profundas y sanaran heridas profundas. Estas personas compasivas saben cómo abrir puertas y cómo proporcionar consuelo y cuidado a aquellos que se han esforzado mucho para mantener su dolor en secreto.

También podemos encontrar que algunas personas adineradas quieren involucrarse con el ministerio de alcance comunitario de la iglesia, pero prefieren dar generosamente o hacer conexiones con líderes de organizaciones sin fines de lucro que trabajar en un comedor de beneficencia o arremangarse la camisa y limpiar un patio de recreo. Algunos de estos hombres y mujeres están tan ocupados administrando sus empresas que no tienen tiempo para dedicarse a actividades de alcance. No los condenen por ausentarse en los días de SERVIR. En cambio, celebre su deseo de proporcionar recursos para que el ministerio pueda ser efectivo y expandirse.

RECLUTE UN EQUIPO DIGITAL.

IInvitamos a todos a participar en "Un llamado a todos, pero algunas personas no se encuentran en una posición de participar en las asociaciones

COMUNIQUE DE UNA MANERA QUE PROPORCIONA INFORMACIÓN ACTUALIZADA, HISTORIAS CONVINCENTES Y CONEXIONES PERSONALES CONTINUAS.

de la Etapa 2. Pueden ser madres solteras que no pueden dejar a sus hijos, o pueden estar discapacitadas o no pueden viajar tan fácilmente. Descubrimos que algunas de estas personas pueden canalizar su pasión digitalmente para conectarse con otras personas. Algunas personas de nuestro equipo digital han servido a los pobres y motivado a nuestra gente al mantener nuestras redes sociales frescas y vivas. ¡Esa es una contribución vital a la causa! Y dese cuenta de esto: muchas personas a quienes servimos tienen tecnología que les permite conectarse con nosotros, y luego de conectarse, leemos sus publicaciones, escuchamos sus llamadas y conocemos sus corazones.

Evalúe su presencia en las redes sociales y conviértela en una conversación. No solo publique, sino que escuche, lea, dele "me gusta" y comente cuando otros publiquen sobre el evento de servir. Comunique de una manera que proporciona información actualizada, historias convincentes y conexiones personales continuas. Hoy, las personas esperan poder participar a su manera en su propio tiempo. Podemos ofrecer muchas oportunidades de servicio en línea para individuos o grupos, y pueden hacer clic en el tema en el cual quieren participar. Pueden mirarlo cuando están despiertos a las 2:00 de la mañana y hacen la tarea en el almuerzo del día siguiente. Podemos ofrecer varias posibilidades, por lo que, si se toma una, varias más están disponibles. Cada uno tiene toda la información que cualquier persona necesita para que esto suceda. Esta es la "Forma Uber" para el acceso personalizado e instantáneo, y es la ola del futuro.

Ese es el futuro del alcance, pero el presente es poner toda la información y los registros de nuestros Días de SERVIR en línea para que las personas puedan hacer todo en sus teléfonos móviles. Eso no es mañana; eso es hoy.

JUNTOS LOGRAMOS MUCHO MÁS POR EL REINO DE DIOS QUE SI CADA UNO DE NOSOTROS TRABAJÁRAMOS DE MANERA AISLADA.

 5 GENERE UNA ECONOMÍA DE SERVICIOS COLABORALES.

Cuando desciframos el código de las necesidades en nuestra comunidad, descubrimos que los problemas son más grandes, extensos y difíciles de lo que nunca hubiéramos imaginado. Cada necesidad se conecta con una serie de otros problemas, como una telaraña de dolor de corazón. Cuando estamos solos, nuestros esfuerzos son solo una gota en el cubo, por lo que debemos aprovechar nuestro tiempo, talentos y recursos en asociaciones con organizaciones sobresalientes en nuestras comunidades. Si insistimos en seguir aislados, no veremos a nuestra comunidad como un todo, y no desarrollaremos relaciones poderosas para proporcionar más recursos a las personas necesitadas. Por ejemplo, uno de nuestros socios proporciona espacio de almacenamiento, otro proporciona alimentos y materiales, y nosotros proporcionamos la mano de obra para organizarlo y distribuirlo. Las otras organizaciones tienen donantes, pero nosotros también damos a la causa. Juntos, logramos mucho más por el reino de Dios que si cada uno de nosotros trabajáramos de manera aislada.

Cuando el huracán Harvey azotó el sur de Texas, más de 20 pastores e iglesias locales se unieron como hermanos de maneras extraordinarias. Iglesias cercanas y de lejos donaron recursos y labor manual, trabajando

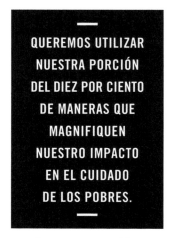

QUEREMOS UTILIZAR NUESTRA PORCIÓN DEL DIEZ POR CIENTO DE MANERAS QUE MAGNIFIQUEN NUESTRO IMPACTO EN EL CUIDADO DE LOS POBRES.

juntos para servir a la comunidad. Les dije a estos pastores que si podemos dejar nuestros logos y egos y unirnos para cuidar la ciudad, podemos tener un gran impacto para el reino de Dios. ¡Y eso es exactamente lo que sucedió! Durante las siguientes horas, días y semanas, estos pastores trabajaron como un equipo incansable, compartiendo recursos, espacio de almacenamiento, reclutando apoyo voluntario, satisfaciendo las necesidades de los demás, intercambiando consejos y alentándose unos a otros en oración y amor. El pastor Scott Jones de Grace Church en Humble, Texas, dijo que el hilo de texto entre nosotros "parecía los fuegos artificiales del 4 de julio!" ¡Fue hermoso!

Todos se ayudaron mutuamente, era una verdadera comunidad del Libro de los Hechos. Hoy estos pastores mantienen una relación, se animan mutuamente y trabajan juntos para cambiar su ciudad. Se abrió nuevos Dream Centers, la cultura de la iglesia ha cambiado, hay influencia con la ciudad, y el cuerpo de Cristo se ha unificado.

ASIGNE DINERO PARA ALCANCES.

Los ministerios de alcance efectivo no ocurren por sí mismos. Necesitan dinero para que avancen. Este es un tema sobre el cual siempre hablo con los pastores. Permítanme explicar mi sugerencia: la mayoría de las iglesias dan el diez por ciento de sus ingresos a las misiones; eso es estándar. Ese diez por ciento, puede dividirlo en varias categorías: misiones internacionales, alcance nacional y ministerios de alcance local, incluyendo todo lo que hemos estado hablando en este libro. Recomiendo destinar alrededor del 30 por ciento del presupuesto misionero de una iglesia a actividades de alcance local: día de SERVIR, asociaciones con despensas de alimentos, juguetes que regala el departamento de policía en Navidad, serivio constante de la etapa 3 de la iglesia y todo lo demás. Recuerde que muchos de los grupos pequeños se autofinancian en su trabajo con asociaciones, pero algunos grupos necesitarán un poco de impulso financiero para que las alianzas funcionen de manera más efectiva. Las organizaciones asociadas a veces brindan fondos equivalentes a los que la iglesia ha dado; por lo tanto, busque esas oportunidades para aprovechar sus contribuciones.

Queremos utilizar nuestra porción del diez por ciento de maneras que magnifiquen nuestro impacto en el cuidado de los pobres. Las necesidades son demasiado grandes y la causa es demasiado importante para que perdamos dinero, tiempo o pasión. Necesitamos maximizar cada recurso. De esta manera, el reino de Dios se expande exponencialmente.

 ## INFORME Y MOTIVE A TU GENTE.

Recomiendo que obtengan un ejemplar de este libro para cada líder en tu iglesia para que entiendan la filosofía, la estrategia y el proceso de formación de un ministerio de alcance efectivo. También obtenga ejemplares del libro *Servolución* para cada persona en tu congregación. Las historias y los principios de este libro los inspirarán a involucrarse en los días de SERVIR, alianzas y, tal vez, incluso a una presencia permanente en la comunidad. (El 100% de las ganancias de la venta de los libros se dará a un ministerio sin fines de lucro que se utilizará para actividades de alcance y capacitación adicional.)

Al final de este libro, encontrará enlaces a una gran cantidad de recursos que puede utilizar para ayudar a implementar y desarrollar las tres etapas de este ministerio. Todo es gratis, así que úselos, adáptelos y deje que te estimulen para que desarrollar el suyo propio. Sueñe en grande, ore con fe y observe lo que Dios hará.

✓ PROXIMOS PASOS
QUE HACER:

- [ ] ESTABLEZCA VÍAS DE ACCESO EFECTIVAS.

- [ ] DESCUBRA Y GENERE IDEAS CREATIVAS PARA LOS ALCANCES

- [ ] CUIDE A LOS QUE ESTÁN COMPROMETIDOS, ASÍ COMO TAMBIÉN A LOS QUE NO QUIEREN.

- [ ] RECLUTE UN EQUIPO DIGITAL.

- [ ] ESTABLEZCA UNA ECONOMÍA COLABORATIVA DE SERVICIOS.

- [ ] ASIGNE DINERO PARA ALCANCES.

- [ ] INFORME Y MOTIVE A SU GENTE

EFESIOS 5:1-2

Por tanto, imiten a Dios, como hijos muy amados, 2 y lleven una vida de amor, así como Cristo nos amó y se entregó por nosotros como ofrenda y sacrificio fragante para Dios.

PIENSE EN ESTO:

1

¿Qué significa "apoyarse demasiado" y "no apoyarse lo suficiente" en nuestra comunicación sobre el alcance en nuestras comunidades?

....

....

....

....

....

....

....

2

¿Cómo puedes hacer que las vías de acceso sean más atractivas y significativasl?

....

....

....

....

....

....

....

3

¿Cómo se puede desarrollar un equipo digital efectivo? ¿Cuáles son los objetivos, cuáles podrían ser los beneficios y cuáles son algunas etapas de progreso que puedes visualizar?

....

....

....

....

....

....

....

....

....

....

4

¿Cómo definirías y describirías una "economía colaborativa de servicios"?

....

....

....

....

....

....

....

....

....

....

5

¿Cuál es tu presupuesto
de alcance? ¿Cuánto
debería ser?

....
....
....
....
....
....
....
....
....
....

6

Tóme tiempo para
escribir tus planes para
los próximos pasos en tu
ministerio de alcance.

....
....
....
....
....
....
....
....
....
....

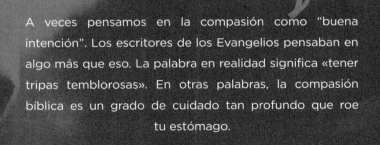

A veces pensamos en la compasión como "buena intención". Los escritores de los Evangelios pensaban en algo más que eso. La palabra en realidad significa «tener tripas temblorosas». En otras palabras, la compasión bíblica es un grado de cuidado tan profundo que roe tu estómago.

BEN DAILEY
Colisión

CAPÍTULO SIETE

VENCIENDO LA FATIGA CAUSADA POR LA COMPASIÓN

PENSÉ QUE ESTÁBAMOS LISTOS.

Pensé que estábamos listos. No lo estábamos.

NO LO ESTÁBAMOS

Todo el mundo cerca de la costa de Louisiana estaba atento a las noticias durante la última semana de agosto del 2005. El radar mostraba un huracán que se fortalecía en el Golfo de México y se dirigía a la desembocadura del río Mississippi. Aquellos que han vivido en esa parte del país saben que deberían tomar estos pronósticos como se van desarrollando. Rara vez las tormentas llegan donde predicen que van a llegar, especialmente cuando falta mucho para que lleguen.

Aun así, sabíamos que iba a ser grande sin importar dónde iba a pisar tierra. Tan pronto como el Servicio Meteorológico Nacional confirmó que estaba en camino, comenzamos nuestros preparativos. Enviamos correos electrónicos a nuestros voluntarios para informarles sobre los planes y asegurarnos de que sabían cuándo y dónde aparecer cuando llegara el momento. Nos pusimos en contacto con la oficina del alcalde y otros funcionarios de la ciudad para ofrecer nuestra ayuda y coordinar esfuerzos, y llamé también al líder de nuestro equipo de cocina. Le pedí que pidiera comida para siete

TENÍAMOS UNA RED DE PASTORES CUYAS IGLESIAS SE COMPROMETIERON A TRABAJAR JUNTOS PARA AYUDAR DONDE SEA QUE FUESE NECESARIO.

u ocho mil personas, pero también le advertí que no comprara demasiada comida porque si no la usábamos, se echaría a perder. Para este tiempo, teníamos una red de pastores cuyas iglesias se comprometieron a trabajar juntos para ayudar donde sea que fuese necesario.

A medida que pasaban los días, el Servicio Meteorológico Nacional predijo que la tormenta, llamada Katrina, todavía se dirigía hacia la costa de Luisiana, ¡y se había fortalecido hasta convertirse en una tormenta de Categoría 5! Unos días antes de llegar a tierra, se ordenaron las evacuaciones voluntarias y obligatorias, por lo que la gente ya estaba corriendo por la carretera de Nueva Orleans hacia Baton Rouge. La tormenta golpearía a primera hora de la mañana el 29 de agosto. Una vez más, hice docenas de llamadas para asegurarme de estar listas.

Esa mañana, las noticias informaron que la mareada ciclónica, el viento y la lluvia eran muy significativos, pero que Nueva Orleans había esquivado la tormenta. El daño no pareció tan malo. Pero unos minutos más tarde, mi amigo Steve Robinson, pastor de Church of the King (Iglesia del Rey) de Mandeville me llamó. Sonaba frenético: "Acabo de enterarme de que los diques se rompieron y Nueva Orleans se está inundando".

Le aseguré que habíamos pasado por inundaciones antes y que superaríamos esta. Pero él insistió: "No, Dino, no entiendes. Esta es una inundación masiva. Los diques se han roto en muchas áreas y la ciudad está en caos. El noveno distrito tiene un poco menos de 12 pies de agua, y el centro de Nueva Orleans está cubierto casi por completo".

Encendí la televisión y me sorprendió lo que vi. El agua estaba en todas partes, hasta los techos de las casas, y corriendo a través de las enormes roturas en los diques. La gente estaba haciendo huecos en sus techos para salir y pedir ayuda, y los animales flotaban muertos en las calles.

A partir de ese momento para el futuro previsible tuve una tarea: rescatar a cuanta gente pudiera y proporcionar el mayor alivio posible. Fue emocionante, consumidor e inspirador. Los pastores y sus iglesias de toda el área y pronto de todo el país, vinieron al sur de Luisiana para ayudar. Más de 450 de nosotros ya formábamos el Consejo de Recursos para Pastores, y todos nos pusimos a trabajar. Me convertí

CUANDO TODO TERMINÓ, ME EMOCIONÓ HABER SIDO PARTE DE ALGO QUE DIOS USÓ MARAVILLOSAMENTE PARA AYUDAR A LOS NECESITADOS. PERO YA ESTABA CANSADO. ESTABA COMPLETAMENTE EXHAUSTO.

en el "controlador de tráfico aéreo" para dirigir a las personas y los recursos donde se necesitaban desesperadamente, lo cual era casi en todas partes. Coordiné con todos estos pastores para asegurarme de que sus iglesias se sintieran valoradas y que su gente tuviera suficientes materiales, alimentos, ropa y otros recursos.

Durante 200 días, dimos todo lo que teníamos. Trabajamos con 500 organizaciones religiosas, asistimos a 684 consejeros y capellanes para atender necesidades espirituales y emocionales, utilizamos 1.587 camiones de reparto, programamos 5.952 visitas médicas, reclutamos 14.092

voluntarios, atendimos a 2.853.100 personas y distribuimos 61,260,000 libras de alimentos, ropa y otros recursos.[1]

Cuando todo terminó, me emocionó haber sido parte de algo que Dios usó tan maravillosamente para ayudar a los necesitados. De eso se trataba nuestra iglesia. Pero ya estaba cansado. Estaba completamente exhausto.

QUEDARSE SIN NADA ▰▰▰▰▰▰

ES AGOTADOR VIVIR BAJO LA PRESIÓN

Es agotador vivir bajo la presión de ejecutar programas, pero los líderes en los negocios y la iglesia lo hacen todo el día todos los días. Cuando agregamos las tensiones e incertidumbres de estar integralmente involucrados en la vida de los pobres, nuestros recursos internos se pueden agotar aun más. ¿Dónde encontramos un pozo profundo de fuerza interior para que nuestro corazón permanezca lleno y desbordado?

Hace muchos años, un pastor llamado B. B. Warfield estudió la vida de Cristo y escribió un artículo titulado "La vida emocional de nuestro Señor". En su estudio de los Evangelios, descubrió que los escritores describieron la compasión de Jesús más que todas las demás emociones combinadas. De hecho, la palabra griega traducida como "compasión" en realidad significa "sus entrañas temblaron". Jesús experimentó un "movimiento interno de compasión" que condujo a "un acto externo de beneficencia". Los traductores usan varios términos para describir la compasión de Jesús. Por ejemplo, cuando Jesús y los discípulos viajaban por la comunidad de Naín, una viuda estaba a punto de enterrar a su único hijo. Lucas escribe que el

---

1   Para más sobre esta historia, lea capítulo 5, "Huracán Katrina: en le libro *Servolución*.

Señor "se compadeció de ella" (Lucas 7:13). Cuando Jesús vio a los miles de personas que habían venido a escucharlo, "tuvo compasión de ellos, porque eran como ovejas sin pastor". Y después de darse cuenta de que no tenían nada para comer, les dio de comer a todos con la merienda de un niño. (Marcos 6:34-44).

Uno de los momentos más conmovedores en los Evangelios ocurrió afuera de la tumba de su amigo Lázaro, quien había estado muerto cuatro días. Las hermanas del hombre estaban decepcionadas de que Jesús no había venido a sanar a su hermano cuando estaba enfermo. En respuesta a las hermanas, especialmente a la tierna María, y el llanto de todas las personas allí, Jesús "se turbó y se conmovió profundamente" y resucitó a Lázaro de la tumba (Juan 11:33-44).

Jesús dejó que su corazón se quebrantara por las necesidades desesperadas de las personas que lo rodeaban. Él no era principalmente un administrador; era una persona que amaba, un pastor, un querido amigo que estaba dispuesto a absorber el dolor de los demás y permitió que ese dolor lo impulsara a la acción. Por supuesto, el acto supremo impulsado por su compasión fue su disposición a entregarse completamente y finalmente en la cruz. Aunque Jesús discutió con sus críticos y se defendió de los ataques de los fariseos, en sus relaciones con los enfermos, los pobres, los extranjeros y las personas con cualquier necesidad, no vemos que se esté

> **CUANDO AGREGAMOS LAS TENSIONES E INCERTIDUMBES DE ESTAR INTEGRALMENTE INVOLUCRADOS EN LA VIDA DE LOS POBRES, NUESTROS RECURSOS INTERNOS SE PUEDEN AGOTAR AUN MÁS.**

protegiendo a sí mismo. Emocional, física y espiritualmente, el amor de Jesús por ellos hizo que se identificara plenamente con ellos y su situación. Él era, como decimos hoy, "completamente entregado".

Al mirar la vida de Jesús a través de los ojos de los escritores de los Evangelios, nunca lo vemos frenético, apresurado o frustrado. ¿Qué le dio tal estabilidad y sabiduría? Sin duda, fue la vida más presionada que jamás haya existido. ¿Cómo podría soportar el enorme peso de la responsabilidad? Encontró formas de recargar regularmente sus baterías. El apartó largos tiempos de oración para que su relación con el Padre se mantuviera fresca y fuerte. Participó en retiros con sus seguidores más cercanos y pasaron muchas horas caminando de un lugar a otro. Podemos imaginar que tuvieron muchas conversaciones maravillosas en esos caminos. Los tiempos de oración, relajación y reflexión fueron cruciales para Jesús, y son cruciales para nosotros. Necesitamos encontrar fuentes de "energía renovable" mientras dirigimos nuestras iglesias. Si no lo hacemos, corremos el riesgo de agotarnos, que siempre es desagradable y doloroso, y toma mucho recuperarse.

Jesús no visitó a todas las ciudades para satisfacer todas las necesidades, y nosotros tampoco lo podemos hacer. Él no tenía correo electrónico ni redes sociales, pero nosotros sí. Los estudios demuestran que hoy en día, muchos de nosotros estamos tan comprometidos con nuestros dispositivos que inconscientemente estamos siempre listos para responder. Linda Stone, ex ejecutiva de Apple y Microsoft, describió las distracciones constantes como "atención parcial continua". Ella escribe:

> Prestar atención parcial continua es prestar atención parcial continuamente. Está motivado por el deseo de ser un centro de conexión en la red. Otra

forma de decir esto es que queremos conectarnos y estar conectados. Queremos buscar efectivamente oportunidades y optimizar las mejores oportunidades, actividades y contactos, en cualquier momento dado. Estar ocupado, estar conectado, es estar vivo, ser reconocido e importante. Prestamos atención parcial continua en un esfuerzo por no perdernos de nada. Es un comportamiento siempre activo, en cualquier lugar, en cualquier momento y en cualquier lugar que involucra una sensación artificial de crisis constante. Siempre estamos en alerta máxima cuando prestamos atención parcial continua. Esta sensación artificial de crisis constante es más típica de la atención parcial continua que de la multitarea.

A través de todo tipo de medios, teléfonos y conexiones en línea, descubrimos muchas más necesidades de las que podemos satisfacer. Tenemos que establecer metas y limitaciones realistas para que no agotemos nuestra energía y erosionemos nuestro amor. La primera señal de que esto está sucediendo es que nos molestan las necesidades de las personas, y el segundo signo es que nos volvemos cínicos respecto a los que piden ayuda, sobre nuestra gente y sobre nuestros motivos para involucrarnos. Lo hemos escuchado todo antes, y comenzamos a creerlo:

"Los pordioseros quieren vivir en la calle".
"Los pobres son simplemente irrespons-
ables".
"Merecen el dolor en que están metidos".
"Debemos centrarnos en los pobres que lo
merecen".
"No hará ninguna diferencia". "Estarán tan
necesitados mañana".
"Están tomando lo que les damos y lo

> TENEMOS QUE ESTABLECER METAS Y LIMITACIONES REALISTAS PARA QUE NO AGOTEMOS NUESTRA ENERGÍA Y EROSIONEMOS NUESTRO AMOR.

están vendiendo por la calle".

"Esa persona regresó por una segunda bolsa de comestibles".

¡Qué egoísta!

CLARIFIQUE TUS LÍMITES ▬▬▬

CUANDO NUESTRA ALEGRÍA DE AYUDAR

Cuando nuestra alegría de ayudar a las personas se desvanece, necesitamos una nueva inyección del amor y la gracia de Dios. Muchas veces, solo necesitamos tomarnos un descanso y relajarnos por un tiempo. En los ministerios de alcance, estamos gestionando la tensión constante entre las necesidades no satisfechas que piden atención y nuestros recursos limitados para satisfacer esas necesidades. ¡No intente todo esto por tu propia cuenta! Necesitas un equipo de personas maduras, sabias y competentes que te ayuden. Los equipos de liderazgo de alcance no son el lugar donde se pone a las personas que tienen habilidades de liderazgo mediocres. Es donde colocas a tus mejores personas porque este ministerio exige más que casi cualquier otro. He escuchado a pastores bien intencionados tratar de trabajar solos en la coordinación del ministerio de alcance de su iglesia. Uno me dijo: "Está bien. Yo puedo hacerlo. Estoy extrayendo del pozo del amor que tengo para la gente". No quería decirle que su pozo casi con certeza no era lo suficientemente profundo para el largo plazo. Se quedaría seco tarde o temprano.

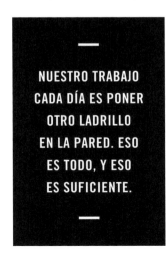

NUESTRO TRABAJO CADA DÍA ES PONER OTRO LADRILLO EN LA PARED. ESO ES TODO, Y ESO ES SUFICIENTE.

Está bien decir: "Lo siento, pero no puedo evitarlo". Como dijo Jesús, los pobres siempre estarán con nosotros. Sus necesidades estarán allí mañana, tal como están hoy. No haremos ningún bien a nadie si nos estrellamos y nos agotamos.

Sí, las necesidades en la comunidad son profundas y amplias, pero no podemos reconstruir la ciudad por nosotros mismos o en un corto tiempo. Nuestro trabajo cada día es poner otro ladrillo en la pared. Eso es todo, y eso es suficiente. Hágalo con alegría y amor y tendrá la fuerza para poner otro ladrillo en la pared mañana.

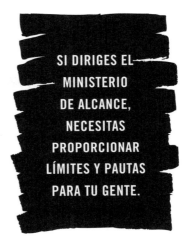

SI DIRIGES EL MINISTERIO DE ALCANCE, NECESITAS PROPORCIONAR LÍMITES Y PAUTAS PARA TU GENTE.

Una de las preguntas más importantes que debemos hacernos, independientemente del ministerio que lideremos, es simple y profunda: ¿quién merece el crédito? ¿Queremos la aclamación, o estamos mostrando a Jesús? ¿Estamos realmente sirviéndole, o estamos tratando de avanzar nuestras propias agendas? (No conteste estas preguntas demasiado rápido.)

Conozco pastores que se mudaron a áreas de desastre y que dieron todo lo que tenían durante semanas e incluso meses. Completamente agotados, se ven horribles y suenan terribles, pero no creen que puedan decir: "Necesito un descanso". Podemos correr como locos por unos días, pero nuestros cuerpos (incluso cuerpos jóvenes y fuertes) necesitan tiempo para recuperarse de tensiones excesivas. ¿Estamos demasiado ocupados para orar, para meditar, para reír y llorar? ¿Nuestras familias se sienten descuidadas mientras nos dedicamos a las vidas de personas que realmente no conocemos? ¿Cuáles son las disciplinas espirituales que están alimentando nuestras almas? ¿Quiénes son los amigos que nos dicen la verdad en amor y nos animan a crear margen en nuestras vidas?

SIRVE A TU CIUDAD

¿Estamos nosotros y otras personas compasivas tan ocupados que nos aislamos de la comunidad de fe? Nuestra visión de justicia social, cuidar a los pobres y corregir los errores de la sociedad, ¿nos mantiene conectados con la iglesia y grupos pequeños, que son las fuentes de inspiración y aliento? ¿Se ha convertido nuestra visión en una compulsión que nos está comiendo vivos y creando resentimiento hacia aquellos que no están tan comprometidos? Necesitamos permanecer conectados por muchas razones: perspectiva, cordura, aliento, corrección y una oración de cobertura, por nombrar algunos de los más importantes. Si diriges el ministerio de alcance, necesitas proporcionar límites y pautas para tu gente. ¿Quién te proporciona esos límites? Como mencioné, una fuerte estrategia de grupos pequeños para la participación de la comunidad comparte las cargas y multiplica la alegría de servir. No resuelve todo, pero ayuda mucho.

Las actividades de la Etapa 1 tienen límites muy claros: en los días de SERVIR, nos dedicamos a actividades específicas durante unas horas y es todo. En la Etapa 2, los grupos pequeños a menudo se asocian con organizaciones sin fines de lucro en la comunidad, y las personas de estos grupos a menudo comprenden cuáles son sus límites. Algunas personas son participantes reacios; están buscando cualquier oportunidad para retirarse. Pero algunos hombres y mujeres tiernos se vuelven demasiado absortos para satisfacer las necesidades de las personas. Necesitan ayuda para establecer límites en sus tareas. En la Etapa 3, los involucrados generalmente son más probados y comprobados, y algunos son cuidadores profesionales que han tenido que aprender sus límites durante muchos

> EN LA ETAPA 3, LOS LÍMITES A MENUDO ESTÁN MÁS CLARAMENTE ESTABLECIDOS QUE EN LA ETAPA 2.

188 *Capítulo Siete*

años de interacción con personas necesitadas. En la Etapa 3, los límites a menudo están más claramente establecidos que en la Etapa 2..

La razón por la que me encanta el alcance es porque aprendí a probar las limitaciones en cualquier actividad y asociación. Puede que no tuviera ni idea en los primeros días cuando haríamos cualquier cosa por alguien, pero ya no. Dios me ha dado la sabiduría de la experiencia que ha venido de un montón de fallas, que de todos modos es la forma en que la mayoría de nosotros aprende algo. En la Etapa 2 y la Etapa 3, con bastante frecuencia las personas que son más efectivas son las que han sufrido las mismas angustias que las personas a las que sirven. Son duros y reales, lo que los hace maravillosamente compasivos, pero también puede hacerlos ir demasiado rápido, ni siquiera notar límites, y quizás discutir con el líder de su equipo cuando el líder les dice que reduzcan la velocidad.

MANTENGASE SABIO, FUERTE Y CONTENTO

HE APRENDIDO DE LA MANERA DIFÍCIL

He aprendido de manera difícil a lo largo de los años acerca de la necesidad de que los que cuidan se cuiden a sí mismos, y especialmente que los líderes de los ministerios de alcance establezcan límites claros para las personas que prestan servicios con ellos. Lo siguiente son algunos de los principios más importantes.

 SEAS CONSCIENTE DE LA TENSIÓN.

Cualquier cosa que capture nuestro corazón tiene el potencial de drenarnos. La visión, la pasión y la dedicación son rasgos maravillosos en cualquier líder o servidor, pero aquellos que ministran a los más desfavorecidos de la comunidad corren el riesgo de perder la perspectiva. Lo sé porque me ha pasado a mí.

Cuando las necesidades de las personas comienzan a consumirnos, gradualmente hacemos excusas sobre no pasar tiempo en oración, leer las Escrituras, disfrutar de pasatiempos y amar a nuestras familias. De hecho, en poco tiempo, nos sentimos culpables por hacer cualquiera de estas cosas que son parte de nuestra vida. En algún punto, comenzamos a operar con nuestra propia fuerza, y pronto desarrollamos un resentimiento contra las personas que no parecen preocuparse tanto, o que no dan tanto como nosotros.

La tensión entre estar totalmente comprometido y cuidarnos a nosotros mismos es muy real. Reconózcalo, acéptelo y forme hábitos que te mantengan bebiendo profundamente del pozo del amor, la sabiduría y el poder de Dios.

(2) RODÉASE DE AMIGOS QUE LE DIGAN LA VERDAD.

Todos nosotros, sin importar nuestro llamado o nivel de liderazgo, necesitamos al menos uno o dos amigos sabios y honestos que tengan el coraje de hablar directamente a nuestra vida. El aislamiento inevitablemente conduce a decisiones tontas y desastres. Puede que no quiera escuchar lo que sus amigos tienen que decir, pero escuche. Será mucho más efectivo si lo hace.

(3) ESTÉ ATENTO A LOS SIGNOS DE AGOTAMIENTO.

Hubo un momento en Baton Rouge en el cual estuvimos profundamente involucrados en la distribución de alimentos a los barrios pobres. En una semana, regalamos casi 55.000 kilos de comida. Tres camiones

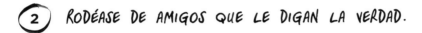

" LA TENSIÓN ENTRE ESTAR TOTALMENTE COMPROMETIDO Y CUIDARNOS A NOSOTROS MISMOS ES MUY REAL. "

enormes se presentaron en nuestro estacionamiento con un total de 88 paletas (tarimas) de comestibles. Estaba emocionado de que Dios hubiera proporcionado tal bendición, y estaba decidido a sacarlo todo a la gente hambrienta, especialmente a personas que no se parecen a nosotros, hablan como nosotros o creen como nosotros. Creí que Dios me había dado el mandato de llegar a personas que normalmente no se presentarían en nuestra iglesia, pero en este momento, mi pasión no era aprovechar el amor y la fortaleza de Dios. Pronto, estaba completamente agotado y enojado con aquellos que no eran tan dedicados como yo.

INTENTABA SER UN SALVADOR, PERO ESA NO ERA LA DESCRIPCIÓN DE MI TRABAJO.

Mi suegro me llevó aparte al final de esa semana y me dijo: "Dino, no tienes que salvar el mundo. Jesús murió por la gente, pero él no te ha pedido que trabajes hasta la muerte por ellos". Usó la historia de la creación para reorientar mi pensamiento. Él dijo: "Necesitas comer del árbol de la vida, no del otro árbol". Su punto era claro. Intentaba ser un salvador, pero esa no era la descripción de mi trabajo.

Dejé que las necesidades de las personas me consumieran. Todos los días, un accidente automovilístico, un diagnóstico temido, un despido en el trabajo o alguna otra tragedia devastaron a individuos y familias, y cada uno me rompió el corazón. Me di cuenta de que no podría estar allí para todos, pero por la gracia de Dios, podría estar allí por unos pocos y aun estar cuerdo, fuerte y feliz, pero solo si sigo bebiendo de la fuente de agua viva.

Sé que me estoy acercando al agotamiento cuando me vuelvo cínico. Cuando esa perspectiva venenosa llena mi corazón, no confío en las personas que me rodean, personas a las que sirvo, a Dios o a mí mismo. Me enojo por casi cualquier cosa, y estoy lleno de los malos gemelos del orgullo y la autocompasión. El orgullo de que soy tan noble porque estoy dando todo para ayudar a la gente y la autocompasión de que nadie se da cuenta de todo lo que hago por los demás. (Sé que esto es difícil de leer, pero para algunos de nosotros, suena demasiado familiar.)

Sé que me estoy acercando al agotamiento cuando me vuelvo cínico. Cuando esa perspectiva venenosa llena mi corazón, no confío en las personas que me rodean, personas a las que sirvo, a Dios o a mí mismo. Me enojo por casi cualquier cosa, y estoy lleno de los males gemelos del orgullo y la autocompasión. El orgullo de que soy tan noble porque estoy dando todo para ayudar a la gente y la autocompasión de que nadie se da cuenta de todo lo que hago por los demás. (Sé que esto es difícil de leer, pero para algunos de nosotros, suena demasiado familiar).

El problema del agotamiento no es solo para ti y para mí; es para todos los involucrados en los ministerios de cuidado. En una crisis, la gente puede acercarse al borde del precipicio muy de prisa. Después del huracán Katrina, armamos una cocina. Una mañana, unas 2.000 personas hicieron fila para obtener donas que alguien había donado. Estaba adentro mientras nuestra gente repartía las donas cuando algunos se apresuraron a entrar y me dijeron: "Pastor, tiene que salir. ¡Tenemos un problema!"

Había estado despierto toda la noche y estaba agotado. Cuando salí por la puerta, no tenía idea de cuál podría ser el problema. Obviamente había una confrontación. El hombre de nuestro equipo que era responsable de mantener la línea en movimiento gritaba a la gente: "¡Estás tomando demasiadas donas! ¡Solo puedes tener dos!"

Necesitas saber esto: ese hombre es una de las personas más agradables y amables que conozco, pero el estrés de ese momento le afectó. ¡Estaba presenciando un episodio maníaco completo! Lo aparté y le dije suavemente: "Tienes que ir a casa". Intentó resistirse e insistió en quedarse, pero yo le dije: "No, es hora de que te vayas a casa. Nosotros nos encargamos del resto".

En ese momento, él empezó a llorar incontrolablemente. A través de sus lágrimas, dijo: "¿Pero qué pasará con todo esto?"

"El inventario de donas no importa", le expliqué. "Si repartir demasiadas donas destroza la iglesia, que así sea, pero todavía vamos a amar a estas personas y les daremos donas". "Si toman más de dos, es probable que tengan hambre o tengan miedo de no recibir otra comida por un tiempo. Estas personas han sufrido mucho. Si quieren tres donas, les daremos tres donas. No te preocupes por el inventario. Si se acaban puedo ir a comprar más, pero si los tratamos con falta de respeto, será difícil reparar el daño".

Me di cuenta en aquel momento de que todos pueden participar en un llamado relajado, pero no todos están preparados para estar cara a cara con personas desesperadas durante un desastre, caminar con personas a través de su dolor más profundo, ayudar a adictos en recaída o lidiar pacientemente con personas enojadas y exigentes. Este hombre debería haber estado manejando el inventario en el almacén o manteniendo los informes, no en el frente, interactuando con personas que estaban devastadas y muertas de miedo.

Todos tenemos papeles importantes que desempeñar y todos necesitamos usar nuestros dones dados por el poder del Espíritu Santo para tener un impacto en las personas necesitadas y perjudicadas. Sin embargo, como vemos en las Escrituras, tenemos diferentes dones, así como también diferentes experiencias. Algunos necesitan desempeñar posiciones de apoyo, otros deben ser entrenados para interactuar compasivamente con las personas necesitadas, y algunos ya están equipados por Dios para estar en primera línea con las personas más desesperadas.

DIOS ESTÁ TRABAJANDO DETRÁS DE LA ESCENA PARA LOGRAR SUS PROPÓSITOS DIVINOS, YA SEA QUE ETIQUETEMOS UNA ACTIVIDAD COMO UN FRACASO O UN ÉXITO.

4 APRENDAS DEL FRACASO

Seamos honestos: los ministerios de compasión no son tan ordenados y fáciles o tan predecibles como muchos otros ministerios en la iglesia. Habrá muchos más cabos sueltos y muchas más fallas. Si no puede aprender del fracaso, entonces no se permitirá sumergirse profundamente en las necesidades de la comunidad. Si Steve Jobs, Elon Musk y otros empresarios hubieran sido demasiado cautelosos, nunca habrían inventado las cosas que han revolucionado sus industrias. Fallaron repetidamente, pero aprendieron persistentemente. Salomón usó una metáfora agrícola para ilustrar la necesidad del desorden: "Donde no hay bueyes, el granero está vacío; con la fuerza del buey aumenta la cosecha" (Proverbios 14:4).

Tenemos otro factor en acción en nuestra vida: Dios está trabajando detrás de la escena para lograr sus propósitos divinos, ya sea que etiquetemos una actividad como un fracaso o un éxito. Puede ser fácil ver la mano de Dios en los éxitos obvios, pero los líderes sabios aprenden a buscar su mano, incluso en los errores y los fracasos. En la parábola del sembrador, solo un tipo de tierra era productivo. En esta parábola, si se siembra la semilla de la Palabra de Dios y solo se multiplica el 25 por ciento, ¿en qué pensamos cuando esperamos la perfección de todo lo que hacemos? Simplemente no tiene sentido. Estamos esparciendo semillas todo el tiempo en todo lo que hacemos, por lo que podemos esperar resultados variados también.

(5) ESTABLEZCAS UN GRAN EQUIPO.

Al principio, cuando estamos comenzando un ministerio de alcance, tomamos a cualquier persona que quiera ayudarnos. A medida que el ministerio se expande, necesitamos volvernos más selectivos. Para los días de SERVIR, necesitamos un equipo que pueda realizar todas las tareas administrativas para configurar las actividades, recopilar los recursos, proporcionar las comidas, conseguir a los fotógrafos y obtener historias para el pastor para el servicio de la mañana siguiente. En la Etapa 2, las iglesias que tienen un ministerio fuerte de grupos pequeños pueden conectar grupos con organizaciones locales, y la sinergia a menudo funciona maravillosamente bien. Aun así, la persona que coordina el alcance necesita un equipo fuerte para supervisar y respaldar estas conexiones. En la Etapa 3, la expresión de una presencia permanente debe contar con personal talentoso (pagado o no pagado) y voluntarios capacitados para brindar atención de calidad y mantener los costos bajo control.

Por supuesto, quieres gente apasionada por la causa, pero a medida que se desarrolla el ministerio de extensión, necesitas pasión combinada con

> **"ATESÓRELOS A TODOS Y FÓRJELOS EN UN EQUIPO QUE SEA ENTUSIASTA Y SABIO, COMPASIVO Y EFECTIVO."**

sabiduría y talentos administrativos. El estrés de este ministerio puede ser grande (incluso abrumador), por lo que debes tomar decisiones sobre tu equipo con mucho cuidado y lentitud. Probablemente terminas con un equipo compuesto por algunos de los del diez por ciento que viven para los alcances y otros que son más apasionados por crear sistemas que funcionan excepcionalmente bien, y estas personas ven el alcance como un buen lugar para usar sus recursos administrativos. Atesórelos a todos y fórjelos en un equipo que sea entusiasta y sabio, compasivo y efectivocon sabiduría y talentos administrativos. El estrés de este ministerio puede ser grande (incluso abrumador), por lo que debe tomar decisiones sobre su equipo con mucho cuidado y lentitud. Probablemente termine con un equipo compuesto por algunos de los del diez por ciento que viven para los alcances y otros que son más apasionados por crear sistemas que funcionan excepcionalmente bien, y estas personas ven el alcance como un buen lugar para usar sus recursos administrativos. Atesórelos a todos y fórjelos en un equipo que sea entusiasta y sabio, compasivo y efectivo.

La fatiga por causa de la compasión es una amenaza muy real para aquellos de nosotros que nos preocupamos por las comunidades desfavorecidas. Es fácil perder la perspectiva y tratar de asumir la carga solo, pero eso arruinará tu vida, tu familia y tu ministerio. Sea consciente de las señales y haga sistemas y hábitos que te mantengan vitalmente conectado con el amor ilimitado, el perdón, la sabiduría y el poder de Dios.

SEA CONSCIENTE DE LAS SEÑALES Y HAGA SISTEMAS Y HÁBITOS QUE TE MANTENGAN VITALMENTE CONECTADO CON EL AMOR LIMITADO, EL PERDÓN, LA SABIDURÍA Y EL PODER DE DIOS.

MIQUEAS 6:7-8

¿Ofreceré a mi primogénito por mi delito,
al fruto de mis entrañas por mi pecado?
¡Ya se te ha declarado lo que es bueno!
Ya se te ha dicho lo que de ti espera el Señor:
Practicar la justicia, amar la misericordia,
y humillarte ante tu Dios.

1

¿Cuáles son algunas señales de que el estrés está comenzando a afectarle? ¿Cuáles son algunos signos de agotamiento completo?

....

....

....

....

....

....

....

PIENSE EN ESTO:

2

¿Tienes por lo menos un amigo sabio al que te rinde cuentas y que te dice algunas cosas sobre cuáles son tus límites, incluso si no quieres escucharlo? Si es así, ¿estás escuchando? Si no, ¿dónde puedes encontrar a alguien así?

....

....

....

....

....

....

....

3

¿Cómo describirías el
talento y el corazón
de las personas en tu
equipo de alcance?
¿Necesitas hacer algún
ajuste? Si es así, ¿qué?

....
....
....
....
....
....
....
....
....

4

¿Por qué es importante
recordar que Dios está
trabajando incluso en
nuestros fracasos o
cuando no estamos
activos?

....
....
....
....
....
....
....
....
....

5

¿Cómo ayudarías a alguien que sufre de fatiga por causa de la compasión?

....

....

....

....

....

....

....

....

....

....

....

....

....

....

....

....

....

....

....

....

La compasión es a veces la capacidad fatal de sentir lo que es vivir dentro de la piel de otra persona. Es el conocimiento de que nunca puede haber paz ni alegría para mí hasta que finalmente haya paz y alegría para ti también.

FREDERICK BUECHNER
Una habitación llamada "Recuerda"

CAPÍTULO OCHO

FORMANDO Y AFILANDO

UNA Y OTRA VEZ

Una y otra vez, hemos visto que cuando ocurre un desastre, el pueblo de Dios se lanza para ayudar a los necesitados. Cuando el huracán Matthew atravesó Haití a fines de septiembre de 2016, fue la primera tormenta de Categoría 5 en el Atlántico en casi una década. En el momento en que llegó a la costa de Carolina del Sur para su cuarta recalada, se había debilitado, pero aun así, causó fuertes daños. Manna Church (La iglesia Maná) tiene ubicaciones en todo el país y en todo el mundo, generalmente cerca de bases militares. Cuando Matthew golpeó Carolina del Sur, la iglesia hizo que la gente saliera a ayudar. El Pastor Michael Fletcher y el pastor de alcances Dan Richardson, de la Iglesia Maná en Fayetteville, Carolina del Norte, coordinaron a los voluntarios que normalmente llegaban y otros que nunca habían visto antes. Muchas de estas personas tenían antecedentes militares, por lo que no necesitaban mucha orientación. Subieron, se ensuciaron, trabajaron duro y trajeron una mezcla de alegría y determinación a su cuidado para las personas cuyas casas habían sido devastadas por los vientos y la lluvia.

Michael y Dan ya sabían que las personas con formación militar tienen dones extraordinarios y nunca temen un gran desafío. Su entrenamiento los ha capacitado y preparado para el alivio de desastres, pero también están preparados para involucrarse en las tareas más difíciles y exigentes, como rescatar a las víctimas de tráfico de personas. La mayoría de las iglesias necesitan tiempo suficiente para desarrollar personas con estas habilidades, pero los soldados, marineros y aviadores están listos para ir. Manna Church también tiene un grupo de Navy Seals (Fuerzas especiales) que asisten. ¡No hay nada que esas personas no puedan manejar!

Estos dos líderes reconocieron instantáneamente los extraordinarios talentos que ya existían en las personas de su iglesia. Pero ellos no están solos. A medida que profundizamos en la participación en nuestras comunidades, es casi seguro que encontraremos una fuente profunda de recursos que han estado latentes todo el tiempo en nuestras iglesias. A medida que identificamos a estas personas, las inspiramos y canalizamos sus esfuerzos, formaremos y afilaremos continuamente nuestro ministerio de alcance.

> A MEDIDA QUE IDENTIFICAMOS A ESTAS PERSONAS, LAS INSPIRAMOS Y CANALIZAMOS SUS ESFUERZOS, FORMAREMOS Y AFILAREMOS CONTINUAMENTE NUESTRO MINISTERIO DE ALCANCE.

A veces, los próximos pasos en este ministerio son bastante evidentes: no podemos perderlos. Pero no está de más pensar en elementos importantes para comunicarnos con claridad, formar grandes líderes y mantenernos en el buen camino.

★ EVALÚE TUS MENSAJES.

La pasión del líder es obvia para la gente que escucha. Si estás predicando mucho sobre la oración, tu gente estará orando. Si la escatología del fin de los tiempos encuentra su camino en cada sermón, tu gente aprenderá a ver la vida principalmente a través de esos lentes. Si habla mucho sobre generosidad, tu gente abrirá sus billeteras. Si sufres por la situación de los pobres, los enfermos, los discapacitados, los descuidados y los desfavorecidos, tu gente sangrará por los quebrantados de corazón.

TU CULTURA DEBE REFORZAR Y ACELERAR TU VISIÓN Y MISIÓN.

Tu cultura debe reforzar y acelerar tu visión y misión. En Church of the Highlands, todo lo que hacemos está diseñado para ayudar a las personas a "conocer a Dios, encontrar libertad, descubrir un propósito y hacer una diferencia". Nuestros servicios de fin de semana ayudan a las personas a experimentar el poder, el perdón y la presencia de Dios. Nuestros grupos pequeños ayudan a las personas a aplicar la verdad de la Palabra de Dios para que encuentren la libertad. Nuestros equipos de alcance aprovechan el propósito que Dios les ha dado y les dan oportunidades para hacer una diferencia tangible y significativa en las vidas de los demás.

Pero tendemos a desenfocarnos. Si no tenemos cuidado, nuestra pasión puede disminuir, y todos los detalles de administración pueden consumirnos. Luego nos enfocamos demasiado en lo que ocurre dentro de las paredes del edificio de la iglesia, en lugar de lo que ocurre afuera. En un momento, me di cuenta de que habíamos estado celebrando los esfuerzos de los trabajadores de cuidado de niños, ujieres y otros que sirven dentro de las paredes de la iglesia. Luego comencé a celebrar también a aquellos que sirven fuera de nuestras paredes. Y les mostré imágenes de cómo nuestra gente estaba marcando una diferencia en la vida de otros en nuestra comunidad.

Me di cuenta de que necesitaba predicar una serie sobre la compasión como una parte regular del año. En Church of the Highlands, dedicamos los domingos de julio a "Dedicar tu vida" en todas sus formas, y durante los meses de octubre y noviembre, nuestros mensajes son sobre la generosidad. Por lo tanto, un cuarto de nuestro calendario se dedica a los sermones sobre la compasión y resaltamos este énfasis en todas las demás series a lo largo del año. Eso es lo que somos; esa es nuestra cultura.

Nunca use la culpa para motivar a las personas a ayudar a los demás. Enfatice la maravilla de la gracia de Dios hacia ellos, comparta tus propias historias de participación con personas necesitadas y recuérdeles que Dios les ha dado la oportunidad de entrar en la vida de otros para marcar la diferencia. En muchos casos, la diferencia es un cambio de vida, si reconocen estos momentos y confían en que Dios los usará. Como Abraham, tenemos la bendición de ser una bendición para los demás. Dios quiere usarnos para cambiar la dirección de la vida de las personas, y ciertamente el destino de su eternidad. Aliente a tu gente a nunca subestimar el poder de lo que Dios ha hecho en sus vidas. Tienen una historia que contar y hay un mundo que está esperando escuchar.

En tu motivación, no te concentres principalmente en las necesidades. Sí, señalarás las necesidades reales, pero hablarás más sobre lo que Dios está haciendo para satisfacer esas necesidades y, especialmente, cómo las personas que se sientan a tu lado en el servicio participan activamente para cambiar la trayectoria de vidas en la comunidad. Esta imagen de impotencia y esperanza, tragedia y triunfo, le da a tu gente la sensación de que Dios puede usarlos para marcar la diferencia.

Cuando alentamos a toda nuestra gente a asistir a un día de SERVIR, sabemos que solo la mitad de ellos se presentarán, pero nunca avergonzamos a la otra mitad que se quedó en casa. El día siguiente en la iglesia, celebramos cómo Dios ha usado a nuestra iglesia para tocar a las personas y cambiar vidas. No decimos, "Dios usó a la mitad de nuestra gente"; decimos: "Dios te usó, el pueblo de Dios", y contamos muchas historias sobre lo que sucedió el día anterior.

El alcance nunca es culpabilidad. Es vivir el evangelio de la gracia. Cuando el asombroso amor de Dios echa raíces en el alma de una persona, no limitan su compromiso a los días de SERVIR. Se dan cuenta de las necesidades a su alrededor, en su vecindario, en el trabajo, en la escuela, en la iglesia, cuando ven las noticias, ya que lea el periódico, mientras escuchan a sus amigos, y en todas partes se enteran de lo que realmente está sucediendo en la vida de las personas. El alcance se trata de actos de bondad, a menudo actos de amabilidad al azar, y en las tres etapas, actos organizados de bondad. Involucrar a la comunidad se trata principalmente de escuchar primero antes de tomar cualquier medida de acción. Solo al escuchar podemos discernir las necesidades reales por debajo de las necesidades obvias, y solo al escuchar podemos generar confianza. Este es el tipo de cultura que Dios quiere que cada iglesia establezca, porque es central para el corazón y la misión de Dios.

La cultura de una iglesia siempre encontrará expresión: si no estás hablando regularmente sobre el cuidado de las personas quebrantadas, todavía no es tu cultura.

EL ALCANCE NUNCA ES CULPABILIDAD. ES VIVIR EL EVANGELIO DE LA GRACIA.

★ LOS LÍDERES LIDERAN.

Desde el principio, no le dije a la gente lo que deberían hacer. Lideré con el ejemplo, y tengo que decirte, ¡fue divertido! Lideré cuando repartimos agua embotellada, cuando cargamos un camión con dos paletas de trampas para ratas y recorrimos la ciudad para ofrecérselo a la gente, cuando aparecía un camión lleno de bananas, y cualquier otro alcance en nuestra comunidad. Nuestra gente se dio cuenta rápidamente de que ayudar a las personas no es opcional para mí. En realidad, no he tenido que pensar mucho sobre cambiar la cultura de la iglesia porque soy uno del diez por

¿ESTÁ CRECIENDO LA IGLESIA? ESE ES EL PRINCIPAL INDICADOR DE QUE SUS ESFUERZOS DE ALCANCE ESTÁN FUNDIONANDO.

ciento que se levantan por la mañana pensando en las necesidades de las personas. Sin embargo, como he enseñado y entrenado a otros pastores, he visto la importancia de reforzar el principio de que tenemos que liderar desde el frente. La gente nos está observando: personas de la comunidad, desde luego, pero también personas en nuestras iglesias.

★ MIDA TUS ESFUERZOS.

Es grandioso anunciar, "¡Estamos cambiando el mundo!" Pero pronto, la gente quiere saber si realmente está tocando muchas vidas. Aquí está el punto de referencia: ¿Está creciendo la iglesia? Ese es el principal indicador de que sus esfuerzos de alcance están funcionando.

Pero hay otras cosas para medir. Requiere un poco de trabajo, pero es importante tener algunas medidas cuantitativas del alcance de la iglesia. En el nivel más básico de la Etapa 1, podemos medir el número de céspedes que hemos cortado, la cantidad de salones que hemos limpiado y el número de personas que se presentaron para escucharnos cantar en el hogar de ancianos. En la Etapa 2, podemos medir cuántos adictos y alcohólicos hay en los grupos que patrocinamos, cuántos sacos de alimentos hemos entregado, cuántas personas han pasado por nuestras clases de capacitación laboral, la cantidad de ex convictos que se han colocado en hogares y trabajos, y cuántas madres solteras han sido aconsejadas y alimentadas. Más adelante, podemos investigar un poco más para descubrir cómo nuestra presencia permanente en la Etapa 3 está afectando a la comunidad: si la tasa de criminalidad ha disminuido, si hay menos casas abandonadas en los vecindarios que atendemos, y si vemos un aumento en la cantidad de familias que se han reconciliado. Por supuesto, esta lista es solo una muestra de la enorme variedad de actividades de alcance que podemos medir. El objetivo de medir no es darnos palmaditas en la espalda, sino averiguar si estamos utilizando nuestros recursos de la manera más efectiva para el reino de Dios. Si no, ¿qué ajustes se deben hacer?

★ COMIENCE DONDE ESTÁS Y CON LO QUE TIENES.

En un ministerio de alcance, el tamaño no es todo. Lo que importa es el corazón de los que participan. Nuestro primer alcance en Healing Place Church fue con 12 personas repartiendo agua, y la inversión de nuestra iglesia fue de 16 dólares. ¡Fue un éxito emocionante!

Si tienes una iglesia de 300 y 150 se presentan para un día de servir en un llamado a todos, has tenido un gran éxito. Luego, después de aproximadamente un año, cuando algunos de sus grupos pequeños desarrollen asociaciones y usted tenga un Día de SERVICIO trimestral o mensual, es posible que tenga 30 personas que participen regularmente en esos días.

¡Eso es fantástico! Anímate, aunque solo una décima parte de tu gente esté dedicada a los ministerios de compasión. Celebre y exhíbalos los domingos por la mañana. Pero aun tenga al menos un día de SERVIR al año en el que se anime a todos a unirse y tenga actividades efectivas, sencillas y para toda la familia.

★ CELEBRE CADA CONTRIBUCIÓN.

Si solo el diez por ciento de las personas en una iglesia vive para cuidar a aquellos que desesperadamente necesitan ayuda, ¿cómo tratamos al otro noventa por ciento? Los celebramos también, por cualquier cosa y todo lo que hacen para contribuir a la vida de la iglesia, dentro de las paredes y fuera de las paredes. Algunas personas están llamadas a orar, algunas tienen el don de la generosidad y dan liberalmente a las causas de la iglesia, algunas son dotadas musicalmente y sirven en el equipo de adoración, y otros son ujieres que hacen que las personas se sientan contentas de haber entrado por nuestras puertas. Todos juegan un papel en el cuerpo de Cristo, y estamos encantados con todos ellos.

Nuestra tarea es ayudar a toda nuestra gente a conectar sus talentos y contribuciones al corazón de Dios con las personas que están fuera de las paredes de la iglesia. En el llamado general, invitamos a todos a participar en el alcance, pero sabemos que solo un pequeño número de las personas que se presentan ese día están programadas para esfuerzos de alcance consistentes. Así como todos nosotros

> **EN UN MINISTERIO DE ALCANCE, EL TAMAÑO NO ES TODO. LO QUE IMPORTA ES EL CORAZÓN DE LOS QUE PARTICIPAN.**

estamos llamados a evangelizar, pero solo unos pocos tienen el don; todos están llamados a ser compasivos con aquellos que lo necesitan, pero solo unos pocos tienen ese llamamiento único. Los que no lo hacen no son cristianos de segunda clase. De alguna manera u otra, todos están contribuyendo a los esfuerzos de la iglesia para tocar la vida de los pobres.

> **NUESTRA TAREA ES AYUDAR A TODA NUESTRA GENTE A CONECTAR SUS TALENTOS Y CONTRIBUCIONES AL CORAZÓN DE DIOS CON LAS PERSONAS QUE ESTÁN FUERA DE LAS PAREDES DE LA IGLESIA. .**

★ **TRABAJE DURO PARA QUE EL PRIMER PASO SEA DIVERTIDO, FÁCIL Y SIGNIFICATIVO**

El primer llamado a todos de tu iglesia será nuevo para ellos, y cada convocatoria subsecuente será una experiencia nueva para al menos algunas personas. Estos eventos son el punto de entrada al servicio para las personas en tu iglesia. No asumes que debido a que estas actividades son de la Etapa 1, no necesitas invertir tiempo en la planificación y preparación. En todo caso, necesitan más tiempo y atención porque para muchas personas, el día de SERVIR es la primera prueba de la participación activa en tocar la vida de muchas personas en tu iglesia.

En el momento en que llega ese día, hemos pasado semanas y tal vez meses identificando las mejores oportunidades para el día de SERVIR, y hemos reunido muchos recursos para que las personas tengan lo que necesitan para cumplir con sus tareas. En todo caso, nos aseguramos de que todos nuestros equipos tengan herramientas, bolsas y suministros más que suficientes para hacer todo lo que se necesita hacer. Muchas iglesias

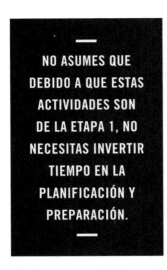

NO ASUMES QUE DEBIDO A QUE ESTAS ACTIVIDADES SON DE LA ETAPA 1, NO NECESITAS INVERTIR TIEMPO EN LA PLANIFICACIÓN Y PREPARACIÓN.

ofrecen camisetas para todos, lo que presenta un impacto visual en la comunidad. Por lo general, comenzamos con un desayuno para que todos se sientan bienvenidos y nutridos. Esto, a la vez les da a nuestros líderes tiempo para conectarse con cada persona en sus equipos para darles instrucciones claras sobre hacia dónde van y qué esperar cuando lleguen allí. Lanzamos el día con oración. Si todos estamos juntos en un desayuno, oramos antes de irnos. Si no proporcionamos el desayuno, transmitimos a un pastor orando en línea para que todos se sientan conectados e inspirados mientras van a sus sitios. Si los padres necesitan pasar la mayoría de su día de SERVIR cuidando a sus hijos, está bien. Se trata de crear una experiencia relajada, divertida y positiva para todos. Terminamos la mañana con un almuerzo ligero para reunir a todos nuevamente y celebrar cómo Dios nos usó. Todo esto requiere una planificación y ejecución cuidadosa.

Proporcionamos "alcance en una caja" para personas y familias que se unieron para formar un equipo en un día de SERVIR, y estas cajas también funcionan para aquellos que se sienten motivados cuando no tenemos un día de SERVIR programado. La caja contiene todo lo que necesitan: una explicación clara de la necesidad y el objetivo del día, los recursos que necesitarán (o una lista de recursos que necesitarán proporcionar por su cuenta), la ubicación y la información de contacto.

★ RECONOZCA EL PODER DE LAS HISTORIAS.

Una parte importante de la planificación de los eventos de alcance está en prepararse para contar las historias en el almuerzo de celebración, especialmente el domingo. Tener un fotógrafo o camarógrafo calificado en cada sitio o viajar a todos los sitios para capturar el trabajo; pero aun más, la interacción entre las personas de tu iglesia y las personas que reciben ayuda. Muestre rostros y comparta detalles que comuniquen el corazón, la emoción y el impacto. Por supuesto, sea discreto en compartir. No revele nada que avergüence a las personas a las que han servido. (Por lo general pedimos permiso verbal a los adultos cuyas imágenes e historias usamos, pero les pedimos a los padres que firmen una exención de responsabilidad para cualquier imagen de niños que usemos. Además, los miembros del personal de la iglesia y fotógrafos específicos son los únicos autorizados a tomar fotografías de niños con, por supuesto, una exención de responsabilidad firmada.)

Las estadísticas sobre el hambre, el tráfico de personas, la adicción y todas las demás necesidades son importantes, pero rara vez mueven los corazones de las personas como los rostros e historias. Después de cada alcance, muestre las imágenes y cuente las historias de cómo Dios usa a tu gente, y utilice las redes sociales para transmitir el mensaje a mucha más gente y aun más rápidamente. Preste atención a las conversaciones y mensajes que las personas hacen sobre sus experiencias con los alcances; únete a la conversación. Esto a menudo es una información valiosa.

Aparte un tiempo para las historias. Designe a una persona de tu personal o un voluntario para capturar las historias, editarlas, y ponerlas en formas que tengan el mayor impacto en los servicios de la iglesia, en forma impresa y

CAPTURE LA INTERACCIÓN ENTRE L AS PERSONAS DE TU IGLESIA Y LAS PERSONAS QUE RECIBEN AYUDA.

en línea. Usamos formularios que hemos creado para que aquellos que participan en los días de SERVIR nos brinden información rápida y vital sobre su experiencia. Los líderes de equipo saben que esta es una parte importante de la experiencia, por lo que siempre buscan las mejores historias para compartir. Estos ofrecen sugerencias a las personas que toman fotos y videos para que reciban historias conmovedoras (y a veces divertidas) de los eventos del día. También publican mensajes e imágenes en las redes sociales y usan hashtags para que sean de fácil acceso.

La iglesia Manna en Fayetteville, Carolina del Norte, ofrece tarjetas de "Actos de bondad" en su salón de entrada. Animan a su gente a entregar las tarjetas a las personas que han ayudado, no solo en los días de SERVICIO, sino todo el día, todos los días. La tarjeta invita a los destinatarios a conectarse y compartir cómo la bondad de la persona ha tenido un impacto en ellos. De esta manera, la iglesia escucha historias de aquellos que recibieron actos de bondad, no solo de parte de aquellos que los dieron.[1]

★ PREPÁRETE PARA LOS DESASTRES.

En Baton Rouge, vimos la devastación causada cuando el huracán Katrina rompió los diques en Nueva Orleans e inundó gran parte de la ciudad.

---

1   Para más información sobre los programas de alcance de la iglesia Manna, vea https://capefear.mannachurch.org/outreach

Nuestra iglesia entró en acción para ayudar a las decenas de miles de personas desplazadas. En Alabama, la comunidad costera a veces es golpeada por huracanes, pero los tornados son un peligro real y presente en gran parte del estado. Donde sea que viva, es sabio que los líderes de la iglesia tengan un plan de contingencia para los desastres naturales. Pueden identificar personas capacitadas y disponibles, localizar fuentes de recursos y elaborar un plan que pueda implementarse en cualquier momento de aviso. En algunos casos, como los huracanes, generalmente tenemos al menos unos días de advertencia. Pero otros, como terremotos y tornados, suceden sin previo aviso. Si estamos listos, podemos entrar en acción para estar en la escena lo antes posible.

★ ANTICIPE COMO VAS A RESPONDER.

A medida que tu iglesia se involucra en tocar la vida de personas que han sido ignoradas en tu comunidad, sucederá una variedad de cosas: un grupo de personas en tu iglesia encontrará su verdadera vocación y se verán llenos de energía. Las personas estarán en contacto con las necesidades reales, por lo que serán más generosas. Varias de las personas a las que sirve aparecerán en la iglesia, y algunas acudirán a Cristo y asistirán fielmente, mientras que a algunas personas no les gustará. Muchas personas no se sentirán cómodas cuando empiece a llegar gente que no se parece a nosotros, hablan como nosotros, o huelen como nosotros. Muchos de nuestros miembros van a abrir sus corazones a los que son nuevos, pero algunos quizás decidan que prefieren ir a una iglesia donde la gente se parezca más a ellos y eso está bien.

En nuestro segundo año en la iglesia en Baton Rouge, nos pusimos en contacto con un grupo de personas bastante duras. Un domingo, cuando invitamos a la gente pasar al altar, vi "la gran división": por un lado, había personas bien vestidas, arregladas, con todas las apariencias de tener su vida en orden, y del otro lado estaban aquellas cuyas vidas desafiantes fueron más evidentes. No sabían las palabras "correctas", y no sabían la forma "correcta" de actuar, pero respondían a la invitación de entregar su vida a Cristo. Algunos de ellos lloraban porque el amor de Dios era real para ellos por primera vez. Pensé que era uno de los momentos más hermosos que había visto en mi vida. Después del servicio, mientras la gente salía, una señora se me acercó y habló con gran gravedad: "Pastor, tenemos un problema".

Le dije: "Sí, señora, dígame".

Ella me miró e hizo una mueca, "Los pecadores están superando a los santos en esta iglesia". Se detuvo un momento y luego me dijo: "Pastor, ese es un problema con la unción".

Inmediatamente traté de pensar en algún pasaje de la Escritura que confirmara su punto de vista, pero pensé en todas las escenas de los Evangelios cuando personas ajenas y heridas acudían en masa para estar cerca de Jesús. Miré a esta mujer y le dije: "Espero que siempre sea así, y no creo que al Espíritu Santo le disguste que estas personas respondan a Jesús".

" TODOS SOMOS PARTE DEL EQUIPO DE BIENVENIDA. "

Estoy bastante seguro de que ella no estaba convencida. Ese fue el último día que vino a nuestra iglesia, pero su nieta se convirtió en un miembro fiel que con mucho gusto dio la bienvenida a todos los que se presentaron en nuestra puerta.

> **AMAR AMPLIAMENTE SIEMPRE HACE QUE ALGUNAS PERSONAS SE SIENTAN INCÓMODAS.**

Si deseas ser una iglesia con una cultura de servicio tanto dentro como fuera de las cuatro paredes, debes visitar la Iglesia Centerpoint en Chillicothe, Ohio. Los pastores Chris y Kristyn VanBuskirk junto con su equipo han capturado la esencia de hacer alcances, y esa cultura solidaria impregna toda la iglesia. A veces queremos comenzar a "hacer" alcance, pero puede que aún no sea nuestra identidad. El cuidado de la comunidad está entrelazado con la identidad del equipo de Centerpoint.

Cuando algunos del equipo de ARC hicieron una visita a Chillicothe, se sintieron abrumados por la consideración y el toque personal de la iglesia. Desde barbacoas familiares, regalos personalizados, y reuniones de equipos dominicales, la cultura valora a las personas. Un líder en la iglesia explicó: "Como ujieres abrimos la puerta con las manos para cada persona que entra". "Todos somos parte del equipo de bienvenida". Y viven de acuerdo con esa filosofía. Los líderes de adoración, los pastores y el equipo de liderazgo se involucran directamente en dar la bienvenida a personas. Incluso vimos al gerente de producción, Rusty Penwell, salir de la cabina de sonido cuando la iglesia apenas estaba por comenzar. Él bajó para darle la bienvenida a una familia que había invitado y llegaron por primera vez a la iglesia. Los saludó y los ayudó a encontrar la sala cuna. Ese es el tipo de "preparación para la respuesta" que debemos tener. Donde el "uno" es en realidad nuestro número uno.

Amar ampliamente en general siempre hace que algunas personas se sientan incómodas. Los líderes tienen el desafío de enseñar y modelar un amor inclusivo, pero incluso si lo hacemos a la perfección, a algunas personas no les gustará. Es un hecho comprobado. Pregúntele a Jesús.

★ SIGA APRENDIENDO.

Siempre habrán problemas. La gente se quejará de que no hicimos algo bien. Otros se quejarán de que dejamos fuera a algunas personas que necesitan nuestra ayuda. En cualquier actividad significante, la crítica y el rechazo son inevitables. Cuando esto suceda, responda con mucha gracia, escuche con atención, agradezca a las personas por sus ideas y prometa hacerlo mejor la próxima vez.

He organizado actividades de alcance que han sido fracasos miserables. Recuerde: el fracaso siempre es una opción, pero no ayudar a la gente no lo es. No estoy sorprendido cuando algo no funciona, por lo que no reacciono de forma exagerada, empeorando así la situación. Eso no significa que nos conformamos con una mala planificación... ¡jamás! Pero en nuestra planificación, siempre nos damos cuenta de que estamos trabajando con personas que pueden tener muy poca experiencia en ministerios de compasión y que estamos ayudando personas con problemas colosales. Esa mezcla generalmente produce resultados increíbles y maravillosos, pero ocasionalmente crea su propio desastre. Aprenda de esas desventuras. Mantenga la calma y tenga sentido del humor. ¿Con qué frecuencia crees que Jesús se rió

EL FRACASO SIEMPRE ES UNA OPCIÓN, PERO NO AYUDAR A LA GENTE NO LO ES.

cuando su equipo no entendió su propósito, o hizo tonterías? La próxima vez, las cosas mejorarán. La próxima vez, las vidas serán tocadas. La próxima vez, alguien confiará en Cristo y será rescatado del infierno. Y la próxima vez siempre está a la vuelta de la esquina.

Si planificamos y coordinamos diez actividades de alcance en un día de SERVIR y ocho de ellas son éxitos, pero dos no funcionan, esa es una gran victoria para nuestra iglesia. Incluso en las dos que no tuvieron tanto éxito, si la gente del equipo vio al líder responder con sabiduría, paciencia y buen humor, sigue siendo una gran victoria para esas personas. Es posible que nunca hayan visto a un líder actuar así, y podría inspirarlos a responder a sus propios problemas con más fe, esperanza y amor. Con buenos líderes ninguna situación es irremediable.

> SI EL EVANGELIO HA CAUTIVADO TU CORAZÓN Y TE PREOCUPAS POR LA GENTE A LAS QUE JESÚS AMA, HARÁS LO POSIBLE PARA MARLOS DE MANERA TIERNA Y TANGIBLE.

Dios a menudo usa incluso los alcances que no salen bien. Tuvimos una gran idea de repartir chicles en el estacionamiento de la tienda Target... hasta que el guardia de seguridad nos corrió. Al día siguiente en la iglesia, una señora vino al altar a entregar su vida a Cristo. Explicó que alguien le había dado un paquete de chicles y una tarjeta con información sobre la iglesia el día anterior en un estacionamiento. Podríamos haber descartado fácilmente este alcance como un fracaso, pero pudimos estar presentes durante el tiempo suficiente para llegar a esta señora. Y puede haber más semillas plantadas que no conocemos.

Tenemos que evaluar rigurosamente nuestros éxitos y nuestros fracasos. A veces la idea era correcta, pero el momento o el líder no era correcto. El hecho de que mamá queme las galletas no significa que no regrese a la cocina. El alcance puede ser desordenado, pero no es opcional. Es fundamental para la misión y la cultura de la iglesia. Si quieres una iglesia que no se ensucie, no te involucres en tu comunidad. Pero si el evangelio ha cautivado tu corazón y te preocupas por la gente a las que Jesús ama, harás lo posible para amarlos de manera tierna y tangible.

También debemos recordar que no todas las actividades de alcance están diseñadas para tener los mismos resultados. Algunos están plantando, otros están regando y algunos están cosechando. En muchas de las actividades de los días de SERVIR estamos involucrando a las personas de la comunidad que simplemente aparecen para limpiar, cantar, pintar, distribuir alimentos y ayudar por medio de cientos de diferentes maneras. Con otros, estamos más activamente involucrados en satisfacer necesidades específicas, y con unos otros, estamos involucrados con personas que luchan con problemas aparentemente sin solución. A veces no sabemos cómo Dios puede usarnos. En una ocasión, les pedimos a algunos profesionales de la salud que participaran en una clínica médica gratuita que estábamos organizando por un día. Un hombre que vino ese día se hizo un examen y el doctor descubrió que el hombre tenía cáncer de próstata. Pudo comenzar a recibir tratamiento e incluso comenzó a venir a nuestra iglesia. Él escuchó el evangelio y vino a Cristo. En esa experiencia, vimos las tres fases de la siembra al ofrecer servicios gratuitos, regar, al enviar al hombre a tratamiento y cosechar cuando confió en Jesús como su Salvador.

En una historia similar, creamos una unidad dental móvil donada por el ministerio de Joyce Meyer para ofrecer servicios gratuitos. Antes de que las personas se sentaran en la silla, les dimos la oportunidad de reunirse con un capellán. Muchas personas encontraron la gracia de Dios antes de que el dentista encontrara sus caries.

MUCHAS PERSONAS ENCONTRARON LA GRACIA DE DIOS ANTES DE QUE EL DENTISTA ENCONTRARA SUS CRIES.

Puede parecer extraño, pero tuvimos un alcance matrimonial en el que ofrecimos casar a personas gratis. Sí, lo sé, algunas iglesias no pueden imaginarse realizar matrimonios para personas que no son cristianas, pero usamos estas conexiones para mostrar el amor de Dios a las personas mientras se preparaban para dar uno de los pasos más grandes de sus vidas, y muchos de ellos llegaron a la fe antes de su boda o más tarde cuando vinieron a nuestra iglesia.

Organizamos una fiesta de graduación asociada a nuestro Dream Center de Birmingham. En el evento, celebramos una gran fiesta. Mimamos a las damas, les dimos vestidos de graduación, trajes para los muchachos, instalamos una fuente de chocolate y un lugar para que se tomaran fotos, y en general, ¡les dimos un tiempo fantástico! Para muchos, fue la primera y única fiesta de graduación a la que asistieron. A través del impacto de esa noche, muchos han comenzado a verse a sí mismos como valiosos, han crecido en su fe y se han unido a la comunidad de nuestra iglesia. Cientos de iglesias alrededor del mundo han participado con Night to Shine (Noche para brillar) de Tim Tebow donde las personas con necesidades especiales se sienten amadas y atesoradas. Inevitablemente, en todos los eventos como este, al menos algunas personas llegan a la fe y encuentran una iglesia en la cual se sienten en casa. Cuando organizamos la búsqueda de huevos de Pascua para niños con necesidades especiales, pudimos comenzar un pequeño grupo para sus queridos padres. Les informamos a los padres que nuestra iglesia está equipada para albergarlos con rampas para sillas de ruedas y otros alojamientos; estas cosas simples los alentaron a unirse a la familia de nuestra iglesia.

Con un poco de creatividad, las oportunidades para tocar a la gente en nuestros pueblos y ciudades son infinitas. Sí, a veces las cosas no salen bien, pero si aprendemos de cada situación, seremos más efectivos para el reino de Dios la próxima vez.

LA HISTORIA CONTINÚA

El cuidado de personas necesitadas no es secundario a Jesús. El reino de Dios es el evangelio de la gracia que nos transforma de adentro hacia afuera para que amemos como Jesús ama (1 Juan 4:10-11), perdonamos como Jesús perdona (Efesios 4:32), y aceptamos personas que son diferentes de nosotros, del mismo modo que Jesús nos acepta a ti y a mí (Romanos 15:7).

La historia de la compasión nunca termina, y se comunica de la misma forma en que le conté a mi clase sobre mi GI Joe; es más que palabras. Las expresiones tangibles del amor tienen un impacto mucho mayor que las meras palabras. Llegué a la fe porque alguien se detuvo para conectarse conmigo y demostrarme el amor de Dios, y ahora dirijo un ministerio para personas que a menudo son pasadas por alto. La mujer que ungió los pies de Jesús con perfume nunca será olvidada, explicó Jesús, porque su amor por él fue una respuesta a su maravilloso amor por ella. Jesús se movía hacia las personas necesitadas: lisiados, cojos, ciego, enfermos, endemoniados, hambrientos, confundidos e ignorados por la sociedad. Su llamado a nosotros es compartir su corazón y seguir su ejemplo para reconocer a las personas que nos rodean y dejar que su amor fluya a través de nosotros hacia ellos. Jesús usó un modelo de ministerio de "más que palabras" para movernos a seguirlo, y ese es el modelo que usamos en los ministerios de alcance.

PPor el poder del Espíritu Santo, las personas en nuestras iglesias pueden conocer el amor de Dios más íntimamente, y necesitan que les ayudemos a conectar su amor con las personas que están esperando ser tocadas por su generosidad y cuidado. A medida que las personas reciban nuestra ayuda, Dios trabajará en ellas para que se conviertan en canales de amor para incluso más personas. Así es como la gracia de Dios se multiplica de una persona a otra y de una generación a otra. En palabras, sí, pero también en acciones compasivas para satisfacer las necesidades reales.

Aquellos que han sido impactados con el increíble amor de Dios tienen corazones tiernos y una determinación feroz para ayudar a los necesitados. La madre Teresa explicó de una manera muy reconocida: "El amor tiene un borde en su vestido que llega hasta el polvo mismo. Arrastra las manchas de las calles y los carriles, y porque puede, debe".

MARCOS 12:28-31

Uno de los maestros de la ley religiosa estaba allí escuchando el debate. Se dio cuenta de que Jesús había contestado bien, entonces le preguntó: De todos los mandamientos, ¿cuál es el más importante? Jesús contestó: El mandamiento más importante es:

"¡Escucha, oh Israel! El Señor nuestro Dios es el único Señor. 30 Ama al Señor tu Dios con todo tu corazón, con toda tu alma, con toda tu mente y con todas tus fuerzas". El segundo es igualmente importante: "Ama a tu prójimo como a ti mismo". Ningún otro mandamiento es más importante que estos.

1

¿De qué maneras puedes capturar y usar historias de manera más efectiva? ¿Cuál es el mejor tiempo para contar las historias generadas por las actividades de tu iglesia?

....
....
....
....
....
....
....

2

¿Qué desastres han ocurrido en tu área durante los últimos más o menos diez años? ¿Estaba tu iglesia preparada para ayudar a aquellos que fueron afectados? ¿Cómo se vería un plan de alivio de desastres para ti y tu iglesia?

....
....
....
....
....
....
....

3

Para las personas que tienen ideas de alcance para la iglesia, ¿cómo responderán a ellas y las empoderarán?

....

....

....

....

....

....

....

....

....

....

4

¿Tienen un proceso que puedan seguir para hacer realidad tu idea? ¿Cómo pueden los grupos pequeños jugar un papel clave para que esto suceda?

....

....

....

....

....

....

....

....

5

¿Cuál de las historias en este libro (o sus propias experiencias de servicio a tu comunidad) lo inspiró más? ¿Qué es lo más significativo en estas historias?

....
....
....
....
....
....
....
....
....

6

¿Cuál es el siguiente paso para dar forma y mejorar el ministerio de alcance de tu iglesia a tu comunidad?

....
....
....
....
....
....
....
....
....

RECONOCIMIENTOS

DeLynn

No podría hacer nada sin tu apoyo, liderazgo, guía, sabiduría y amor. Gracias por tu sacrificio a través de este proyecto y la vida. Si hay algo bueno en mí, lo atribuyo a Dios y a ti.

McCall, Dylan, e Isabella

El mejor regalo que Dios le puede dar a un hombre es aquellos que llevan su apellido. Estoy muy orgulloso de cómo viven por Jesús con más que palabras.

Vicki y Dan Ohlerking

DeLynn y yo somos tan afortunados como pareja de tenerlos como amigos por más de 30 años. Ustedes nos han apoyado y creen en nosotros y nada de lo que hayamos hecho podría haber sucedido sin su contribución. ¡Hagamos otros 30 años juntos!

Tori Townley, Ron Hogland, y Robert Record

Gracias a cada uno de ustedes por vivir, mostrar y contar todos los días y por contribuir tanto a este mensaje.

STEVE AND SUSAN BLOUNT, AND PAT SPRINGLE

Desde el comienzo de estas ideas (y más allá), ustedes han defendido y elaborado estas palabras y pasiones. Gracias por ser los mejores

GABI FERRARA y DAVID SONG (EQUIPO DE DISEÑO)

Ustedes hacen que todo sea fácil. Su incansable esfuerzo y creatividad siempre han sido una fuente de ayuda para todo lo que hemos hecho. Gracias.

JIMMY E IRENE ROLLINS

Gracias por todas las conversaciones y por todo el manejo y la dirección para que tenga un corazón más grande de compasión, amor, y mostrar y contar. Ustedes lo viven todos los días.

KYLE y LIZ TURNER

Gracias por su contribución y aporte creativo en este proyecto. Su sabiduría y perspectiva única para llegar a las personas fue muy valiosa para mí.

GREG SURRATT, EL EQUIPO ARC y LAS IGLESIAS ARC

Gracias por lo que hacemos juntos: plantar iglesias, ayudar a los pastores y transformar las comunidades con el amor de Jesús. ¡Lo que el Hermano Billy empezó continúa haciendo el trabajo de Dios!

CHRIS HODGES y EL EQUIPO DE CHURCH OF THE HIGHLANDS

Nunca he encontrado un mejor amigo, pastor y líder que usted, el Pastor Chris. Gracias. Usted y el equipo de Highlands hablan por Jesús de mil maneras. Ustedes son mis héroes.

DREAMCENTER NETWORK

Gracias por ser una voz colectiva de tantas maneras para los pobres y los perjudicados. Su incansable esfuerzo es inspirador.

EL PASTOR MATTHEW Y EL PASTOR TOMMY BARNETT

Ustedes son un modelo constante del amor de Dios por la humanidad. Nadie me ha inspirado como ustedes.

...Y HAY ALGUNOS AMIGOS SIN LOS CUALES LA VIDA NO SERÍA TAN EXTRAORDINARIA:

MC Lee

Lee Burns

Whittle

Mawae #68

Jope

Jeffery

Siebeling

Stovall

Mayo

Steve R

Ketterling

MC

D Neece

MWS

Ray²

Cool Daddy y Kim

Klein

SOBRE EL AUTOR

Treinta y cinco años de experiencia en el ministerio, incluyendo 20 años plantando y pastoreando una mega iglesia y varios años liderando una red nacional de plantación de iglesias, brindan una oportunidad considerable para compartir con otros lo que ha aprendido sobre vivir, amar y liderar. Para Dino Rizzo, estos años de ministerio le han permitido perseguir sus pasiones por su Salvador, su familia y la iglesia.

Cinco años después de casarse, Dino y DeLynn, de 28 y 23 años en ese momento, comenzaron Healing Place Church (Iglesia Lugar de Sanidad) en Baton Rouge con un enfoque único de ser un "lugar de sanidad para un mundo en dolor". Desde el principio, los Rizzos siempre querían ayudar a la gente.

En 2000, Dino cofundó la Asociación de Iglesias Relacionadas (ARC), un grupo creciente de iglesias dedicadas a lanzar, conectar y equipar iglesias y pastores, con la visión de ver una iglesia que da vida en cada comunidad del mundo. Dino es el Director Ejecutivo de ARC, que ha lanzado cientos de iglesias locales y está preparado para entrenar, equipar y proporcionar recursos a cientos de otras parejas mientras plantan iglesias en los próximos años.

En su rol de ARC, Dino lidera la iniciativa del Día Nacional de Servir, preparando a las iglesias ARC para servir a sus comunidades en una jornada específica y con la esperanza de que el servir se convierta en parte del ADN de cada iglesia.

Dino también sirve en el Equipo Ejecutivo y es pastor de Misiones y Alcance para Church of the Highlands en Birmingham, Alabama, una de las iglesias más grandes e influyentes de los Estados Unidos, dirigidas por el sembrador de iglesias y el pastor principal Chris Hodges. En estos roles, Dino enseña en servicios de adoración los fines de semana durante todo el año y lidera a la iglesia para servir a la comunidad.

Durante años, Dino ha hablado y caminado el llamado de Dios a su pueblo para servir a los demás. En 2009, lanzó el libro de gran venta *Servolución*, comenzando una revolución de la iglesia a través del servicio. El éxito del libro lanzó un movimiento de más de 700 iglesias en todo el mundo que participan en Servolución en sus comunidades, incluyendo Lakewood Church (Houston, Texas), Lifechurch.tv, Camino De Vida (Lima, Perú), Life Church (Manurew, New Zelanda) y la Asamblea de Dios (Gdansk, Polonia). Con *Servolución*, Dino hizo un llamado a las iglesias de que servir no se trata de un evento, sino más bien de infundir una "cultura de servicio" en su ADN. Dino continúa escuchando a los líderes que le cuentan sobre el impacto transformador que ha tenido Servolución en su iglesia y ciudad.

Dino y DeLynn tienen tres hijos, McCall, Dylan e Isabella, y son un testimonio de todo lo que Dios ha hecho a través de sus vidas.

NO HAGAS EL MINISTERIO A SÓLO.

No se trata solamente de la misión; se trata sobre la relación que tenemos con Dios y los unos con los otros. Ya sea que estés buscando lanzar, conectar o equipar a su iglesia, ARC es para usted.

 **ASSOCIATION OF RELATED CHURCHES** — SOMOS UNA ASOCIACIÓN DE IGLESIAS RELACIONADAS QUE COLABORA CON PLANTADORES Y LÍDERES DE IGLESIAS ALOFRECER APOYO, ORIENTACIÓN Y RECURSOS PARA LANZAR Y CRECER IGLESIAS QUE PRODUCEN VIDA.

LANZAMOS

Tenemos un modelo altamente exitoso y comprobado para plantar iglesias, y un gran día para celebrar ellanzamiento con la intención de obtener un gran ímpetu inicial que es necesario para la plantación de una iglesia. Entrenamos plantadores de iglesias, y proporcionamos un fuerte impulso con los recursos necesarios.

CONECTAMOS

Como amigos que andamos por el mismo camino que tú, brindamos docenas de oportunidades para relacionarnos con otros plantadores de iglesias, pastores veteranos, ymentores de liderazgo. ¡Nunca te faltarán oportunidades para conectarte!

EQUIPAMOS

De manera continua, nuestro equipo desarrolla y reúneimportantes recursos ministeriales que ayudarán a ti y a tu iglesia a ser lo mejor que puedan ser. Como parte de esta familia, puedes obtener agua de una fuente que brota con la experiencia de otros en el ministerio.

LANZANDO, CONECTANDO Y EQUIPANDO A LA IGLESIA LOCAL

ARCCHURCHES.COM   @ARCCHURCHES   /WEPLANTLIFE

RECURSOS ADICIONALES

PARA ORDENAR COPIAS DE SIRVE A TU CIUDAD, SIRVE A TU CIUDAD GUÍA PARA GRUPOS PEQUEÑOS Y GUÍA DEL PARTICIPATE, Y SERVOLUCIÓN, VISITE A ARCCHURCHES.COM

RECURSOS PARA LA ETAPA 1

Visite serveday.today [día de SERVIR] para encontrar:

- Ideas sobre alcance ministerial y manuales de procedimientos (inglés y español)
    — Como conducir un lavado de autos gratis
    — Ministerio de amigos mochilas
    — Ministerio en lavanderías públicas
    — Ministerio en casas de refugio
    — Mucho más disponible en línea
- Documentos para planificar SERVEday (incluye enfoques de oración, cronogramas, presupuestos, ideas de alcance, y más)
- Documentos para planificar un alcance en centros comerciales durante la Navidad
- Documentos para planificar la SEMANA DE AMOR

GRÁFICOS DESCARGABLES PARA PROMOCIÓ

Ejemplos:

- Gráficos de promoción para SERVEday (Encabezamiento para correos electrónico, perfiles IG, banners, etc.)
- Diseño para una camisa SERVE
- Diseño para una tarjeta de alcance

ENTRENAMIENTOS Y ENSEÑANZAS EN LÍNEA

Ejemplos:

- A través de SERVEbrew y webinar
- Recursos de video en línea
- Acceso a las conversaciones del grupo cerrado en FB cuando tu iglesia se registra para SERVEday

RECURSOS PARA LAS ETAPAS 2 Y 3

Visite **servolution.org** para encontrar recursos como estas:

- Manual para adoptar una cuadra de la manzana
- Manual para un Dream Center móvil

Únete a la red DC Network visitando **www.dreamcenter.org/dc-network** para obtener acceso a temas como recursos descargables, uso de nombres registrados, y llamadas por video.

VISITE DINORIZZO.COM PARA MÁS INFORMACIÓN SOBRE EL PASTOR DINO,